決断＝実行

落合博満

ダイヤモンド社

決断＝実行――目次

仕事に取り憑かれろ

あの時、別の道に進むべきだったのか。自分の人生はこれでよかったのか。齢を重ねれば重ねるほど、あるいは人生がうまくいっていないと感じた時ほど、そうやって自分自身の人生を振り返るものだろう。だが、自分が歩んできた道は、すでに歴史になっているのだ。ならば、「これでいいんだ」と踏ん切りをつけることが、その先に進んでいくための原動力、次への一歩になるのではないか。私はそう考えている。

〈略〉

人や組織を動かすこと以上に、実は自分自身を動かすことが難しい。それは、「こうやったら人にどう思われるのか」と考えてしまうからである。だからこそ、「今の自分には何が必要なのか」を基本にして、勇気を持って行動に移すべきだろう。

拙著『采配』の「おわりに」にこう書いた。

チームは常にその年限りのものであり、残した結果もその年のチームのもの。そのチームを率いたのはあなた自身なのだ。それは、高校でも大学でも、少年野球でも変わらない。

だからこそ、あなたは「このやり方でいいのだろうか」、「こんなことをしたらまわりになんと言われるだろう」という思いを振り払い、自分の信念に従って最善と思える決断をしてもらいたい。

これは、拙著『落合博満 アドバイス』の「おわりに」の一文である。

私の人生を振り返ると、これらの考え方が基本にあると感じている。そして、誰かに相談を持ちかけられた際にも、「人目を気にせず、自分がこうだと思ったことをやり抜けばいい」と助言することが多いと思う。

ただ、ある人によれば、「人目を気にせず、自分がこうだと思ったことをやり抜く」のがとても難しいという。それができるから落合博満なのであり、「オレ流」と呼ばれるのだろうと。

私はそんなに難しいことを考え、実行しているのか。そうした視点で自分の足跡をたどってみると、私がなぜ「人目を気にせず、自分がこうだと思ったことをやり抜く」ことができるのかが少し見えてきた。


1978年のドラフト会議でロッテオリオンズから3位指名され、私はプロ野球選手になることができた。だが、甲子園で活躍したり、大学球界を代表する選手ではなく、ドラフト1位でもなかったから、メディアからはほとんど注目されなかった。また、1年目の春季キャンプでは、「あのフォームでは、インコースは打てないだろう。プロでは無理だ」と山内一弘監督に言われてしまった。キャンプ地を訪れる野球評論家の大半も、私のバッティングを酷評した。

そう、私のプロ野球生活は、誰にも期待されずにスタートしたのだ。


その後、3度の三冠王を手にしたこともあり、私の野球に関して否定的な意見を口にする人はいなくなった。久しぶりに、そんなプロ野球界に入った頃の気持ちを思い出したのは、2003年10月に中日ドラゴンズの監督に就任した時だ。

外国人をはじめ目立つ補強はせず、現有戦力を10%底上げして優勝すると記者会見で話すと、「そんなことができるわけない」という見方が大勢を占めた。翌春のキャンプで初日に紅白戦を実施し、休日は1週間に1日という6勤1休のスケジュールを組むと、「あのやり方では選手が壊れてしまう」と言われた。

だが、その年のペナントレースを制すると、手のひらを返すように、厳しい練習をはじめとした私のやり方は認められた。このように、選手の時も監督を務めた時も、しっかりと結果を残せば周りは何も言わなくなる。

最近はあまり見られなくなったが、かつては打撃タイトルを争う選手の所属チームがペナントレース終盤に直接対戦すると、相手の打者に打たれたくないという理由で敬遠合戦になることが珍しくなかった。

確かに、見栄えのしないシーンである。しかし、敬遠合戦を経てでも首位打者や本塁打王を手にした選手は、その年のタイトル獲得者として永遠に名前が残る。そこには、敬遠合戦を経て獲得したタイトルだという注釈はつかないし、しばらくすれば「あのタイトルはいかがなものか」と批判的だった人たちの記憶からも、敬遠合戦のことは次第に消えていく。つまり、タイトルを獲ったという事実だけが残るわけだ。

ならば、ルールから外れることさえしなければ、どんな手段を用いてでもタイトルを手にしたほうがいい。そういう世界で私は生きてきた。やはり、ものを言うのは結果なのだ。いや、残した結果でしか語れない部分がある。

だからこそ、少しでもいい結果を残すために、私は野球（仕事）に打ち込んだ。

ロッテに入団してから2年間は、一軍とファームを行ったり来たりしている立場だったから、一軍に定着することを目指した。3年目に一軍に定着し、幸運にも首位打者を手にしたあとは、何らかのタイトルを手にできるように技術を磨き、4年目には三冠王だ。そこからは、毎年、三冠王を獲得することだけに注力した。

練習が好きな選手はいないだろう。私も例外ではない。できれば練習せずに寝ていても、試合になれば打てるようになりたかった。だが、それが無理だと分かっているから練習した。どうせ練習するのなら、誰よりもバットを振り、引退するまで満足できる結果を残し続けようと考えていた。

入団した時のバッティングを酷評した人たちを、見返そうなどとは考えたことはない。反対に、三冠王を手にしてからは大きな期待を受けることもあったが、そうした期待に応えようと練習したわけでもない。

野球は私の仕事で、球団が来年も契約したいと思う結果を残せなければクビになってしまうのだから、翌年もプレーできる結果を残すことに集中した。そのためには、24時間３６５日、野球のことだけを考える生活が必要だから、そうしたまでだ。

格好をつけた表現になってしまうが、選手の時も監督の時も、ただ野球という仕事に取り憑《つ》かれた。認めてもらいたいと人に取り憑かれたのではなく、ただ野球という仕事に取り憑かれた。

そうすれば、何も迷うことはなかった。

これをやってみたい。けれど、周りはなんと言うだろう。そんな不安は抱かなくてすむ。

もちろん、20年の現役生活で三冠王を手にできたのは3回だし、監督を8年間務めて優勝できたのは4回なのだから、目指すべき結果を残せなかったシーズンのほうが多い。それでも、どんな時も最善を尽くしているのだから、「今年は思い通りの結果を残せなかった。けれど、チームとしては、これが今年の目いっぱいの力だったのだ」と踏ん切りをつけ、次のステップに進むしかない。

そうやって生きていくのは、それほど難しくはないだろう。少なくとも、私でなければできない「オレ流」ではないと思う。

私の場合は、選手の時も監督の時もマイナスのスタートラインから歩き始めた。だから、ドラフト1位で指名され、周囲から大きな期待を寄せられてプロ入りした人の気持ちはよく分からない。だが、マイナスからのスタートとはいえ、私に期待してくれた人が一人もいなかったわけではない。

山内監督に見放されても、毎日の練習を手伝ってくれるコーチはいた。山内監督だって、私のすべてを否定したわけではなく、何かにつけて気にかけてくれてはいた。技術というのはおもしろいもので、数年後の私の打撃フォームには、山内さんから教わったことがいくつも取り入れられていた。それに気づいた時は、驚きとともに自分の未熟さを痛感させられた。

また、批判された監督1年目の春季キャンプでも、川上哲治さん、廣岡達朗さんら、監督として実績を残している先輩たちは「いい練習をしている。これなら勝てる」と見てくれた。どれくらい期待されるかに個人差はあっても、誰からも期待されない人などいない。

たとえば、企業の人事にサプライズはつきものだろう。部下の間で「次はあの人で間違いない」という人材が係長になることもあれば、「まさかあの人が……」という場合もあるはずだ。部下からの評判が芳《かんば》しくない人が係長になれば、そういう空気を察してやりにくさを感じるのかもしれない。

しかし、その人も上司に認められたから係長になれたのだ。ならば、結果を残すことだけに全力を注げばいいのではないか。プロ野球のタイトルと一緒で、ある程度の結果を残せば「あの人は係長になって変わった」と、手のひらを返したようにいい評判を聞くようになるものだ。

世間の人たちは、勝負の世界で気持ちが顔に出るのは不利になるとポーカーフェイスに努めていた私の表情、あるいはメディアにあまり口を開かない態度を不敵だと感じ、相当タフな精神力の持ち主だと思っているのかもしれない。

だが、秋田の田舎から上京し、人疲れしていた私を知らないだろう。どちらかと言えば人見知りで、グイグイと距離を詰めてくる人に圧倒されてしまう私を知らないだろう。できるだけ穏やかに生きていたいと、派閥めいた集まりに顔を出すのは気が進まない私を知らないだろう。

私に言わせれば、はじめから特別な能力を持っている人などいない。プロ野球の世界で、いわゆる素質の有無に左右されるのは否定しないが、素質だけに頼った人よりも、死に物狂いでプレーした人が圧倒的に多い。

どんな仕事でも、勉学でも、失敗したって命まで取られるわけじゃない。くよくよ悩むのも、決して恥ずかしいことではない。「今日は何もできなかった」と失望する日もあるだろうが、そんな日でも「1日を生きた」という経験だけは積んでいるのだ。どんな仕事でも、そのうちに経験が生きることはある。

そのためにも、ただひたすら仕事に取り憑かれろ。

監督への就任要請を受け

8年間で4回リーグ優勝し、1回日本一になったという実績から、私に監督としての在り方、人心掌握術などを聞いてくる人は少なくない。私もできる限り詳しく答えようとするのだが、プロとアマチュア、すなわち野球が職業か否かの違いは大きく、どこまで求められている話をできているのかは分からない。

ならば、中日の白井文吾オーナーから監督への就任を要請され、何を求められて承諾したのか、そして、監督としてどんなことをしてきたのかを一方的に書き連ね、参考になる部分があれば取り入れていただいたほうが話は早いと考えた。私の思い出話に、しばらくお付き合いいただければ幸いだ。

私自身は、監督になるとは夢にも思っていなかった。

指導者としての資質があるかどうかという話ではなく、12球団のオーナーの中に、現役時代に「オレ流」や「個人主義」だといわれてきた私に、大切なチームを預けようとする人などいるわけがないと考えていたからだ。

そうして、評論家5年目のシーズンが終わろうとしていた頃、中日から監督への就任を要請された。自宅にかかってきたその電話に出ていると、妻の信子が両手を頭の上で合わせ、大きな○のポーズをしている。もともと勘のいい妻は、私の表情や言葉遣いで〝その時〟が来たのだと感じ取ったのだろう。

そんな妻の気持ちは、私も十分に理解していた。

プロ野球選手という職業が、あまりいい意味ではなく家族をも巻き込むということを嫌というほど味わってきた。監督となれば、選手、コーチ、裏方のスタッフら大勢の部下や協力者の人生も、ある意味では背負っていかなければならない。

それほどの重責を、私ならば十分にやり遂げられると瞬時に判断した妻の後押しもあり、妻とともに戦いの場に身を置く決心をした。

さて、受諾してからは話が早かった。まずは契約年数で、球団からは2年を提示された。ただ、白井オーナーから「根本的にチームを変え、常に優勝争いをできるチームを作ってほしい」と言われたので、そのためには3年は必要だと伝えて理解してもらった。

次は年俸の交渉。これは球団で決めている金額があると伝えられ、交渉の余地はあるのか問うと、「ない」と即答されたので球団に任せた。さらに、コーチや選手の人事をはじめとするチーム編成の一切を任せると言われたので、選手については全員を残留させたいと申し出た。球団側では自由契約にする選手のリストを作っていたようだが、私自身の目で見ていない選手は評価できない。翌年のシーズンに、全選手の評価を下すことにした。

コーチの人選も、すべて私ひとりで進めた。他球団の現職コーチを引き抜くことはやめようと考え、フリーな立場にいる人たちをリストアップしていたが、どこで聞きつけたのか自宅には売り込みの電話もかかってきた。また、球団や関係者から推薦があれば、できる限り検討した。

2日くらいでリストアップを終え、片っ端から連絡を取った。やってもらいたい仕事の内容とともに、契約金と年俸を提示すると、全員が快諾してくれたと記憶している。

そのリストを球団に提出すると、球団社長は「んっ」と言った後、すぐにOKを出してくれた。あとになって、監督はコーチに登用したい人に要請まではするのだが、内諾を得たら年俸などの交渉は球団が進めるものだと、ある球団職員が教えてくれた。

また、リストを作るのには2週間から1か月はかかるそうで、それを2～3日で、しかも条件の交渉まで終えているとは信じられないということだった。

素早く指導体制が決まり、選手は誰も自由契約にしない。翌年に向けて動くには十分な時間があった。ただ、ひとつの懸案事項があると言われた。大塚晶文（当時の登録名は大塚晶則）の契約についてだ。

大塚は2002年のシーズンオフに大阪近鉄からポスティング制度でメジャー・リーグへの移籍を目指した。しかし、交渉が不調に終わり、03年は中日に金銭トレードされてプレーしていた。中日としては、03年のシーズンオフに再びポスティング制度でのメジャー移籍を目指す約束で獲得したというが、私は監督就任時にポスティング制度でのメジャー移籍は認めないという方針を打ち出していた。

私が就任する前の約束は守ってやらなければいけないと、大塚のポスティングは容認し、結果的にはサンディエゴ・パドレスが落札する。ドラフトを除けば、他球団を自由契約になった選手を獲得するしか新戦力を補強する手段がなかった中日にとっては、前年に17セーブを挙げた大塚に代わるストッパーを見つけなければならなかった。このことについては、追って書きたいと思う。

秋季キャンプを前に、私の考え方をコーチたちに伝えた。

中日ドラゴンズというチームに対する私の印象は、監督やコーチが頻繁に叱咤し、時には鉄拳も辞さない厳しさで選手に接していたため、選手が首脳陣の顔色をうかがいながらプレーしているというものだ。これでは、持てる力を発揮しろと言われても無理だろう。

オーナーに求められたのは、そうしたチームカラーを一掃し、選手たちがのびのびとプレーできる環境作りだと解釈した私は、どんな理由があってもコーチが選手に手を上げること（選手同士も）を厳禁とし、これを破った場合は理由の如何《いかん》を問わず契約を解除するとした。

常勝チームを作るには、選手が不安なくプレーできる環境を整え、時には選手がベンチの指示で動くのではなく、自分の考えと判断でプレーすることが肝要だと考えていたので、無闇にコーチから教えることも禁じ、選手から求められた場合だけ的確なアドバイスをするように厳命した。

チームが始動すると、監督がどういう野球をするかということを、選手より先にコーチに理解してもらう必要があると痛感した。

監督としていくつかの経験をしながら秋季キャンプを終え、私は翌春のキャンプを開始する2月1日に紅白戦を実施すると選手たちに伝えた。

ひとりも自由契約にせず、現有戦力を10％底上げして優勝すると宣言したのだ。シーズンオフの過ごし方が極めて重要なのは目に見えていたが、どう過ごしていいのか分からない選手もいると考え、キャンプ初日に実戦を行なうという表現で、オフをどう過ごせばいいのか考えさせようとした。

迎えた04年2月1日。選手たちの動きを見て、さすがはプロだと感じた。全員が実戦に対応できるよう、コンディションを仕上げてきたのだ。やはり、若手に比べてベテランのほうが仕上がり具合はよく、いつペナントレースが開幕しても戦える状態だと感じた。振り返れば、こうやってチームをスタートさせたことが、8年間でAクラスを一度も逃さないという結果につながったのだと思っている。

監督として私が肝に銘じたこと

2018年という年は、スポーツ界において選手と指導者の関係性を考えさせられる事案がいくつか明るみに出た。

大学や高校のスポーツ部には昔から封建的な体質があり、先輩と後輩の上下関係にも陰湿なものがあったことは、40代以上のスポーツ経験者ならご存じだろう。

時代は移り変わり、スポーツ部の雰囲気にも変化が見られるようになった。厳しさよりも楽しさを追求する中で、どういう指導が求められるのか、現場を預かる指導者は頭を悩ませているという。

ひと口に指導者像と言っても、監督を務めてきた人たちの傾向には時代の流れが大きくかかわっている。プロ野球界も例外ではない。

日本のプロ野球は1936（昭和11）年に産声を上げたが、初代監督は巨人の藤本定義さん、タイガース（現・阪神）の森茂雄さん、名古屋（現・中日）の池田豊さんが早稲田、阪急（現・オリックス）の三宅大輔さん、大東京の伊藤勝三さんが慶應義塾と、東京六大学のOBが大半だった。選手兼任で指揮をした人以外は、プロでの選手経験はもちろんない。

戦後になると、水原茂さん、三原脩さん、鶴岡一人さんら、東京六大学OBであり、選手時代が戦時中で応召した経験を持つ人たちが指揮を執る。年齢ではやや下になる川上哲治さん、西本幸雄さんらも含め、この世代の人たちは長く監督を務めた。猛練習で技術と精神力を高め、頭脳的かつチーム一丸となって戦う日本の野球スタイルを確立したことで、「名将」と呼ばれる人が多い。

70年代になると、そんな名将の下でプレーした廣岡達朗さん、野村克也さん、長嶋茂雄さん、森祇晶さん、上田利治さんらが監督になる。その後、45年7月生まれの高田繁さんが88年に日本ハムで監督に就任すると、戦後生まれが次々とチームを指揮するようになる。

18年は、横浜DeNAのアレックス・ラミレス、千葉ロッテの井口資仁、巨人の高橋由伸と70年代生まれの監督が3人もおり、21世紀になってからプロ入りした人が監督になる日もそう遠くはないだろう。

どんな時代に現役生活を送り、どういう監督の下でプレーしてきたのかは、その人の監督像に少なからず影響するのかもしれない。

私自身は、現役時代は実戦の中で、「自分が監督だったら、この場面ではどうするだろう」と考えるタイプだった。だからと言って、将来は指導者になりたいと思ったことは一度もない。他の選手の野球人生に影響を与え、ある種の責任を持つことは性に合わないと考えていたからだ。


しかし、04年から中日を率いることになった。就任の記者会見の際には、「どんな監督を目指すのか」と問われたが、具体的に誰かの名前を挙げることはしなかった。子供の頃は長嶋さんに憧れたが、誰かのようになりたいと思っても、アスリートというのは一人ひとりが全く違った道を歩むものだ。だから、あえて言うなら、巨人を9連覇に導いた川上さんのように常勝チームを作りたいと考えた。

そこで、私が知る限りの川上さん、あるいは西武で黄金時代を築いた森さんのチーム作り、戦術、選手起用などは参考にさせてもらったが、そうやって私が川上さんのようにやっていると思っていても、当の川上さんが私の采配を見たら「自分とは全く違う」と言うかもしれない。仕事のやり方とは、そういうものなのだろう。

監督としてユニフォームを着る時に、肝に銘じたのは次のことだ。

「自分ができたことを伝えるのではなく、自分ができなかったことを勉強する」

指導者にとって一番怖いのは、教える立場になったからといって、自分が何でも知っていると勘違いしてしまうことだ。これは、選手から何か質問をされた時、「それは分からない」と言っては指導者失格だろうと考え、「何でも知っていなければいけない」という誤った使命感による場合もある。

だが、20年の現役生活を送り、さまざまな経験を積んだからといって、私が野球について何でも知っているかと言えば、バッティングに関してさえ、まだまだ知らないことはいくらでもある。そうなると、自分が経験してきたことしか伝えることはできない。

私の場合は、内野守備や走塁についても腕のいいコーチからしっかり叩き込まれたという自負があるので、バッティングを含めて野手については自分の考え方を伝えることはできる。だから、プロで経験したことのない投手の分野に関しては、森繁和をはじめとする投手コーチに任せた。

任せる以上は、変なタイミングで口を出さないように心がけた。

任せるとは、そのコーチにも責任が生じる。ただ、最終的な責任は監督が取るということだ。

毎日コーチからの報告を受けながら、時にはコーチとともにブルペンに足を運び、投手に関するあらゆる知識をレクチャーしてもらう。気づいたことがあれば、野手の立場からの見方や意見をコーチにぶつけ、議論することもたびたびあった。そうやって、自分が知らないこと、できなかったこと、経験しなかったことについても見る目を養い、次第に自分でも考え、伝えられるようにしていかなければいけない。

先に書いた大塚晶文の後釜に据えるストッパーの件でも、あるコーチは川上憲伸を強く推してきた。最近では、評論家が開幕前に順位予想をする際、先発投手を揃えているチームよりも絶対的なストッパーがいるチームの順位を高くするケースが多い。それだけ、ストッパーという存在が勝敗を左右するようになったのは確かだ。川上のように精神面でもタフな投手を、ストッパーにしようという考えは理解できなくもない。

だが、私は5〜6人の先発投手を揃え、ローテーションを無理なく回していくことが、長いペナントレースを安定して戦う条件だと考えている。だから、その中心になり得る川上をあえてストッパーで起用することには反対した。それに、ストッパーをひとりに決める必要もないと感じていたので、前年までリリーフで実績を残した3〜4人の投手で7回以降を抑えてくれればいいと思っていた。

そうした私の考えを理解してくれていた森繁和コーチとは、ストッパーは岩瀬仁紀に任せようという考えで一致していた。

新人だった99年にセ・リーグ最多の65試合にリリーフ登板してから、5年間コンスタントに結果を残しており、先発できるスタミナも備えていたのだが、私が打者の目で見ると球種が少ないという印象があった。前年までストッパーを務めた経験はそう多くはなかったものの、マウンドで顔色を変えない気持ちの強さなど、岩瀬にはストッパーの資質が十分にあると見ていた。

このように、森繁和には私が監督を務めた8年間、ずっと力を貸してもらった。なぜ彼を選んだのか。現役時代を常勝だった西武で過ごし、勝つためにはどういう駒を揃え、それをどう起用していくのかというノウハウを持っていると考えたからだ。

何だかんだと言っても、野球は勝敗の8割を投手力が握っていると言われるスポーツなのだ。森繁和が経験してきたことは、常勝チームを築き上げていくためには一番に必要だと考えた。

また、今だから明かせば、広島、西武、福岡ダイエーで監督を務め、編成部門の責任者としても手腕を振るった根本陸夫さんから、こんな話を聞かされていた。

「常勝軍団と言われた西武のチーム作りについては、すべて教えてある。34歳で現役を退いたが、実は指導者の資質を備えていると感じた私が早めにやめさせたんだ。おまえが監督になったら、絶対に使ってみろ。必ずおまえの役に立つし、おまえを助けるから」

根本さんの言葉に、森繁和なら間違いないという確信もあった。

そして、春季キャンプの初日から紅白戦を行い、6勤1休で徹底的に選手を鍛えた。このやり方が批判されたことはすでに書いたが、私にしてみれば、過去にチームを強化した監督のやり方であり、その効果はすでに実証されている。それを批判する人たちは、おそらく、そうしたキャンプが過去にもあったことを知らないのだろう。それくらいにしか受け止めていなかった。


どんなスポーツでも、時代とともに変化していく部分はある。最近、驚かされたのは、18年の平昌オリンピックで金メダル、銀メダルを1個ずつ手にしたスピードスケートの小平奈緒選手の練習法だった。

簡単に書けば、14年のソチ・オリンピックまでの滑走フォームを科学的に見直し、理想的な姿勢や重心のかけ方を弾き出した。そして、徹底した反復練習で理想的な滑走フォームを身につけたのである。スポーツ科学がここまで進歩しているのなら、投手も自分に合った投球フォームを分析し、それを身につけられれば、安定した投球を続けることができるかもしれない。

だが、バッティングやフィールディングに関しては、そうやって技術を身につけるのは難しいだろう。

なぜなら、ともに相手投手が投げ込んだボールを打つ、飛んできた打球を捌《さば》くという受け身の動作だからだ。同じボールを打つ動作でも、ゴルフのように静止したボールを打つのならば理想的なフォームは弾き出せる。いや、バッティングの場合も理想的なフォームはあるのだが、それを身につけたからと言って、「打たせるものか」と投げ込んでくる投手のボールを確実にとらえることはできない。

つまり、基本動作を体に染み込ませるのは大切なのだが、実戦になれば「いかにいいフォームで打つか」ではなく、「いかにヒットを打つか」という応用動作で対処しなければならない。だから絶対的な正解は存在せず、一人ひとりの選手に合ったフォームを作り上げていかなければならない。そのためには、指導者も自分の経験だけに頼るのではなく、勉強を続けていくことが肝要だ。

さて、日本の野球界には「名選手、名監督にあらず」という言葉がある。ところが、先に書いた名将の系譜を見ていくと、70年代以降に目立つ実績を挙げた監督は、現役時代にもそれなりの成績を残していることが分かる。18年時点の12球団の監督を見ても、選手時代の活躍が容易に思い出せるだろう。

確かに、選手と監督は全く異なる仕事で、指導者の中でも監督とコーチでは大きな違いがある。では、選手として経験したことが監督の仕事に生きないかと言えば、技術面での指導はもちろん、試合の流れを読む感性、修羅場を潜《くぐ》り抜けてきた勝負運など、監督としても生かされるもののほうが多いと思う。

ましてや、近頃の若い選手は指導者を値踏みする。自チームの監督やコーチが現役時代に実績を残していないと知ると、「あの人には言われたくない」と考えてしまうことも珍しくない。そうならないようにするには、仕事ができる人＝チームを勝たせる監督でなければならない。

自分の経験を伝えることは誰にでもできる。また、どんなに高い実績を残していても、経験できなかったことは山ほどある。だからこそ、できなかったことを徹底して勉強し、たとえ現役時代に目立つ実績を残していなくても、選手たちから一目置かれる指導者でありたい。

荒木と岩瀬が自分で壁を乗り越えるために

チームのルールはそれほど作らなかった。

選手間でも手を上げることを厳禁とし、時間と命令系統は守るように伝えた。春季キャンプは沖縄県中部の北谷町で実施しているが、安全確保のために休日でも自動車の運転と海に近づくことは禁じたが、門限は設けなかったし、夜間練習も行なわなかった。

2004年は目立った補強をせず、現有戦力を10％底上げして優勝すると宣言しており、選手個々にもレベルアップを求めた。

そうした中で、選手たちには何を伝えたか。

「アウトになってもいいから走れ」

荒木雅博にはそう伝えた。

私が監督に就任した時の荒木は26歳で、8年目だから若手というよりは中堅クラスだ。ただ、一軍に定着したのは5年目からで、まだ絶対的なレギュラーとはいえなかった。

それでも、前年の秋季キャンプで体力があることとスピードを備えているのはわかったので、レギュラーとして使い切るイメージは持っていた。ただ、どんなに練習で技術を磨いても、それを実戦でフルに発揮するのは簡単なことではない。だから、思い切って走れるように背中を押すような言葉を選んだのだと思う。

一塁に出塁した時は、自分の判断で二盗を企てるよう求めた。04年に39盗塁で優勝した際、荒木はインタビューで「監督から『アウトになってもいいから走れ』と言われたので、思い切って走れた」と言っていたが、ここから6年連続で30以上の盗塁をマークし、16年には髙木守道さんが持っていた球団記録の通算369盗塁を追い越したのだからたいしたものだ。

「アウトになってもいいから走れ」という表現には、私なりの野球の方法論が織り込まれている。

捕手のリードを例に説明しよう。

たとえば、監督が変化球を使うだろうと考えている場面で、捕手がストレートを投げさせて打たれたとする。そこで「なぜストレートを投げさせたんだ」と理由を聞いても、それは結果論に過ぎない。監督側から見た配球ミスを避けたいのなら、捕手が配球に迷ったらベンチを見るように指示し、監督からサインを出すしかない。

それと同様に、「思い切って走れ」という監督は少なくないし、選手の判断で二盗を仕掛けてよいとする「グリーンライト」という戦術もある。だが、走ってもアウトになると「なぜあそこで走るんだ」と言ったりするから、選手はなかなか走れなくなる。

そこで、戦術的に走ってほしくない場面では「走るな」というサインを出すから、それ以外は自分で二盗を狙えと指示し、アウトになっても何も言わなかった。アウトになって一番悔しいのは走った選手本人である。アウトになったことを叱責されるのではなく、それでも「走れ」と言われれば、次はどうにかセーフになりたいと考える。その〝考える〟ことが大切なのだ。

これは、10%の戦力底上げの一環でもあるし、何より常勝チームを作るには、選手が自分の考えや判断で動けるようにしなければならなかった。

はじめのうちは荒木が思い切ってスタートを切れず、二番の井端弘和は荒木が走るのを待っているうちに2ストライクに追い込まれてしまう。だが、井端にも自由に打っていいと伝えていたので、打てるボールは積極的にスイングするようになる。

次第に、荒木が二塁へスタートし、井端は右方向に打ち返してランエンドヒットの形になり、一、三塁のチャンスを作ることができるようになった。その確率が高くなれば、初回の攻撃で手堅く送りバントをするより、荒木と井端に任せておけば一、三塁にしてくれる。

そうして相手のベンチが、どのタイミングでその戦術を用いるのか分析しようと試みても不可能である。なぜなら、私のサインで動いているのではなく、荒木と井端が自分で考えて実行しているからだ。

私が率いていた8年間は、こうして選手たちが自分の考えや判断で動くケースが多かった。これが、常に優勝を争うことができた大きな要因だと感じている。

「絶対にファームには落とさない」

04年に私が監督に就任した際、岩瀬仁紀をストッパーに抜擢した経緯はすでに書いた。岩瀬は春季キャンプ、オープン戦を通じてしっかり調整しているようだったが、開幕直前に左足の小指を骨折するというアクシデントに見舞われる。

勝敗に直結するストッパーという重責を新たに担うのに、万全ではない状態で開幕を迎えた岩瀬には不安があっただろう。

だが、長くプレーを続けていれば、万全の状態で試合に臨めることなど、ほとんどなくなる。その時の状態がどうであれ、最善を尽くして何とか結果を残すことも体で覚えてほしかった私は、そのまま岩瀬をストッパーで起用した。

結果はあまり芳しくはなかった。4月2日の広島との開幕戦は、2回表に5点を奪われたが、その裏から小刻みに反撃。6回裏に同点に追いつき、続く7回裏には3点を勝ち越す。8対5の3点リードで迎えた9回表に岩瀬をマウンドに送ると、セーブはついたものの3安打で1点を失う。

次の登板は7日の巨人戦。先発のドミンゴ・グスマンが無失点の好投を続け、5回裏に挙げた1点を守って9回表まで漕ぎ着ける。だが、無死一、二塁とピンチを迎えたので、私が直接マウンドに行き、岩瀬を投入する。

岩瀬は四番の高橋由伸をセンターフライに打ち取ったが、ロベルト・ペタジーニに逆転3ラン本塁打を許してしまう。その裏、荒木のヒットとアレックス・オチョアの3ラン本塁打で逆転サヨナラ勝ちし、岩瀬には勝ち星がついたのだが、本調子でないのは明らかだった。

その2試合くらいは、ファンやメディアも新米ストッパーが洗礼を受けていると感じていただろう。しかし、13日の巨人戦で敗戦投手になり、17日の横浜（現・横浜DeNA）戦でも2点のリードを追いつかれると、徐々に周囲はざわつき始める。

その後も28日の広島戦、5月4日のヤクルト戦と失点し、11日のヤクルト戦で2敗目を喫すると、チームが首位と3・5ゲーム差ながら最下位に沈んだこともあり、一気に岩瀬は槍玉に挙げられる。

「岩瀬にはストッパーの適性があるのか」

「ファームで再調整させるべきではないか」

多くのメディアで評論家や記者がそう書き立てたが、私は確か森繁和を通じて「絶対にファームには落とさない」と岩瀬に伝え、試合後の囲み取材でも同じコメントをした。

調子を崩したり、故障が原因で結果を残せない選手への対処法はいくつかある。5〜6日おきに登板する先発投手なら、ローテーションを1回飛ばし、ファームで走り込ませたり、ミニキャンプを張らせるという方法もあるだろう。

だが、岩瀬の仕事は3日続けて1点も与えられない緊張感の中で投げたかと思えば、打線が好調で1週間は登板しないケースも考えられる不規則なものだ。3点差以内の最終回に登板するのが基本とはいえ、同点やリードされた展開で投げることもないとはいえない。

当然、いい状態でマウンドに立てることばかりではなく、調子を崩したからといってファームで再調整していたら仕事にはならない。気持ちの面でも、負けたら再調整するのでは逃げ道ができてしまい、次も負けたら、またファームで調整しなければならなくなる。

シーズン通して一軍のベンチを外れることなく、経験を積みながら仕事の精度を高めてもらいたいと考えていたので、私の中には初めからファームに落とすという選択肢はなかった。

岩瀬のプライドを尊重するとか、信頼関係を築くといったことは一切考えていない。どうすれば岩瀬に力を出し切ってもらえるのか、それを継続してくれるのかという点だけで岩瀬をマウンドに送り続けた。

勝敗の責任は監督が取る。しかし、一つひとつの場面におけるプレーは、選手の責任であるという認識をチームに浸透させるためにも、岩瀬には自分の力で壁を乗り越えてもらおうとした。

果たして、岩瀬は夏場に日本代表としてアテネ五輪に出場するという慌ただしさの中、ペナントレースでは優勝に貢献。その後の活躍は、あらためて書くまでもないだろう。

そんな荒木と岩瀬にも、ユニフォームを脱ぐ時がやって来た。荒木は41歳、岩瀬は44歳まで現役生活を送った。そのうちの8年間、同じユニフォームを着て戦い、立派な成績を残してくれたことには感謝している。

今後は、自分自身の経験や考え方を、後進にも伝えていってもらいたいと思う。

少数意見をどうとらえるか

日本は民主主義国家である。さまざまな物事を決める際、議論を尽くしても方向性を一本化できなければ、多数決によって意思決定をする。私たちは、その考え方を小学校の学級会から教育されてきた。

それでも、多数決で可決された方法では事が上手く運ばず、実は少数で否決された方法が正しかったというケースもあることは、多くの分野で歴史が証明している。だからこそ、何事も少数で否決された物事をすぐに忘れてしまうのではなく、いつか日の目を見ることはないのかと記憶に留めておくことは大切だろう。

ただ、最近のメディアの報じ方を見ていると、少数意見の扱い方に危機感を覚える。少数の意見が自分たちにとって都合の悪いものだと、はじめからなかったように抹殺する。反対に利用できるものなら必要以上にスポットライトを当て、それこそが正論だというニュアンスを持たせたり、多数派と拮抗している印象を与えたりする。本当の目的は何なのか理解できないが、少数意見を自分たちの都合で扱うのは、少し違うのではないかと感じている。

話が少し硬くなったが、民主主義の社会にあっても、野球チームは監督の、あるいは会社の一部署は部長の考え方でチーム（組織）が動くケースが大半だ。もちろん、部下の意見を十分に聞いて検討することは大切だが、一つひとつの意思決定に多数決を採用している時間はなく、たとえ自分とは異なる考え方であっても、選手は監督の指示に忠実に動かなければならない。

そういう意味で、監督は絶対的な権力を持っている。独裁者という表現を使ってもいい職務だろう。いや、むしろ独裁者と割り切らなければチームを動かせない局面が多々ある。そうやって次々と決断しなければいけないから、野球を深く勉強していくわけだが、その際には自分と異なる考え方や意見を否定せず、「なぜそう考えるのだろう」と分析しておくことが肝要だ。

監督だった8年間、球団フロントは私の考え方を最大限に尊重してくれた。チームのことに関しては、私の考えが球団の考えであり、オーナーも球団社長も、12球団が集まる会議では中日の考え方として主張してくれた。

しかし、中日の意見は少数派になることが多く、1対11になってしまうことも珍しくなかった。他球団は、「また落合が面倒なことを言っている」と感じたかもしれない。私自身は、斜に構えてプロ野球界を見ているつもりはないし、自分の考え方がすべて正しいとも思っていない。その時点では問題が表面化していなくても、将来のためには解決しておいたほうがいいと感じたことがあれば述べていたに過ぎないのだが、なかなか理解や賛同は得られなかった。

当時から私が改善の余地ありと感じているものの、すべては解決していない問題のひとつが、選手登録に関すること。簡単に書けば、ペナントレース、クライマックス・シリーズ、日本シリーズをどう位置付け、選手登録をどう考えるかということである。

問題のきっかけは、2010年のシーズンだった。中日は、残り1試合だった10月1日に、阪神が広島に敗れたことで4年ぶりのセ・リーグ優勝が決まり、翌2日の東京ヤクルト戦でペナントレースの全日程を終えた。クライマックス・シリーズは20日からで、実に18日間も実戦から遠ざかる。この間をいかにして過ごすか、私は考えに考えた。

その結果、18日間に練習などで選手が故障したり、調子を落としたりした場合の危機管理として、また選手たちの気持ちをクライマックス・シリーズに向けて上手く高めていきたいという理由で、最終戦時点の一軍28名全員の登録を抹消。メディアには「1回、まっさらにするのが一番いい。これから篩《ふるい》にかける」とコメントした。

それまで、他球団は一軍28名の登録をそのままにし、クライマックス・シリーズの直前にメンバーを決めていた。しかし、たとえば3日前の練習でどこかを故障し、第1戦には出場できなくなった選手の登録をその日に抹消すると、10日後まで再登録はできないから、もうクライマックス・シリーズでは使えなくなってしまう。

ペナントレースが終わった時点で全員の登録を抹消しておけば、10日後からはどの選手でも登録できる状態になる。クライマックス・シリーズの直前に故障した選手は登録しなければいいわけで、試合に出場できる状態になれば、すぐに登録できる。

驚いたのは、これに選手会が懸念を示したことだ。

大きな理由は2つ。ひとつは、私が登録を抹消したことで、フリーエージェント権を取得するために必要な登録日数が足りなくなる場合があるということ。

もうひとつは、一軍最低保証年俸は1430万円と定められており、それ未満の選手は登録された日数に基づいて1430万円との差額が1日当たり150分の1ずつ加算される。それが、抹消された期間は支払われなくなってしまうということだ。

とんだ言いがかりだと感じたが、相手にしても仕方がない。私はチーム状態を高めていくことだけに専念していたが、「本当に選手のことを考えているのはどちらなんだ」という思いはあった。

結論から言えば、翌11年も中日はセ・リーグで優勝したが、クライマックス・シリーズを前に登録規定は次のように変更された。

1．レギュラーシーズン終了からクライマックス・シリーズ開催まで10日以上の間隔がある場合に限り、レギュラーシーズン終了後に出場チームの出場選手登録を自動的に全員抹消する

2．その際、出場選手登録を自動的に抹消された選手には、フリーエージェント権獲得の為に必要な出場選手登録日数を、特例として自動的に抹消された日数分だけ加算する

3．去年クライマックス・シリーズ開催前に出場選手登録を抹消された中日の選手たちに対しても、さかのぼって特例を適用して抹消された期間分だけ出場選手登録日数を加算する

私がたったひとりで主張していた考え方が、理に適っていると認められたのだ。ただ、私としては、この問題はこれで終わりではない。そもそも、クライマックス・シリーズは何者なのか。それを明確にさせておく必要もある。

クライマックス・シリーズ導入のきっかけとなったのは、04年からパ・リーグが採用したプレーオフ制度だ。

長年の野球ファンなら覚えている方もいると思うが、パ・リーグがプレーオフ制度を採用したのは、これが4度目である。

7球団だった1952年は、18試合総当たり、108試合のリーグ戦を実施し、上位4チームがさらに4試合総当たり、12試合の決勝リーグを行なった。しかし、個人タイトルを争う試合数が異なることや下位球団の切り捨てだという意見があって、1年で廃止される。

次は73年、26試合総当たり、130試合のリーグ戦を65試合ずつ前後期に分け、その優勝チームで5戦3勝制のプレーオフが実施された。これは82年まで10年間にわたって実施されたが、76、78年の2回は、前後期とも阪急（現・オリックス）が優勝したため、プレーオフは行なわれなかった。

また、導入した73年は、前期優勝の南海（現・福岡ソフトバンク）が後期優勝の阪急を3勝2敗で下して優勝したのだが、130試合を通した勝率は、南海が68勝58敗4引き分けの5割4分だったのに対し、阪急は77勝48敗5引き分けの6割1分6厘。130試合を通せば、9・5ゲーム差で阪急が優勝だったように、消化試合を減らすという目的では一定の効果があったといわれているものの、勝負をしている者にとっては納得できない面もあった。

このプレーオフは、私も81年に経験した。前期に優勝し、後期を制した日本ハムと対戦したのだが、ロッテの打線は強力で、前評判は「圧倒的にロッテが有利」というものだった。ところが、蓋を開けてみると、シーズン中は「打て、打て」だった山内一弘監督が、送りバントなど手堅い戦術を多用したのだ。選手はすっかりペースを乱してしまい、1勝3敗1引き分けで敗れてしまう。短期決戦では、いかに普段どおりの野球ができるかが大切だということを教えられた。

このあと、83年から3年間は、130試合を終えて1位と2位が5ゲーム差以内だった場合、最大5試合のプレーオフを行なう変則1シーズン制となった。しかし、3年とも優勝チームが独走したため、実際にプレーオフが行なわれることなく廃止される。

04年のプレーオフは、それから19年ぶりに導入されたものだ。方式は現在のクライマックス・シリーズに近く、勝率3位以上に出場権が与えられ、2位と3位が2位の本拠地で3戦2勝制、勝者が1位の本拠地で5戦3勝制で戦う。

延長は12回を終えれば引き分けとなり、2勝2敗1引き分けなど、対戦成績が並んだ場合はペナントレースの上位チームの勝利とする。また、1位と2位が5ゲーム以上開いた場合は、1位に1勝のアドバンテージを与えるとした。そして、このプレーオフの勝利チームがペナントレース優勝とされた。

結果は、04年は2位の西武が1位の福岡ダイエーを、05年は2位の千葉ロッテが1位の福岡ソフトバンクを3勝2敗で破って優勝。さらに、日本シリーズも制し、勝率2位のチームが日本一に輝いた。

この結果を踏まえたセ・リーグも06年にプレーオフ導入を検討し始め、07年からセ、パが揃って実施することに。07年はそれまでパ・リーグが実施していたプレーオフと基本的には同じ方式で行なわれ、08年からは1位に1勝のアドバンテージが与えられている。そして、最も大きな変更は、ペナントレースの優勝は勝率1位のチームとなり、クライマックス・シリーズは日本シリーズへ進出するチームを決定するものと位置付けられた。

ペナントレースの順位は143試合の勝率で決定する。クライマックス・シリーズは、あくまで日本シリーズへ進出するチームを決めるものとした時点で、私はクライマックス・シリーズは日本シリーズとセットにするべきではないかと考えている。

だが、日本シリーズは日本野球機構（NPB）が主催するものの、クライマックス・シリーズはペナントレースと同様に本拠地球団が主催する。そうして、クライマックス・シリーズをペナントレースの一部としているから、私が提起した選手登録の問題も生じてくるのだ。

もう少し話を進めれば、ペナントレースはセ、パともに6球団が143試合を消化したら終了。そこから日本一を決める戦いを始めればいい。すでに拙著でも明らかにしているが、私が理想と考えるのはセ、パともに上位2球団で、セの1位とパの2位、パの1位とセの2位が対戦し、その勝者で日本一を決めるという方式だ。

現在のように3位まで出場権を与えると、ペナントレースで勝率5割未満、すなわち負け越したチームにも日本一になる可能性が出てきてしまう。過去の歴史を振り返っても、2位で勝率5割に満たなかったチームはないのだから、日本一を目指す戦いは2位以上の4チームでいいだろう。

仮に全体を日本シリーズと呼べば、日本シリーズ準決勝、決勝ということになる。

ゆえに、どちらも7戦4勝方式とし、準決勝は1位チームの本拠地からはじめ、2位チームの本拠地でも試合を行なうべきだ。試合規定も日本シリーズに合わせ、40名の登録選手から試合ごとに25名を選ぶ。日本シリーズの延長は15回までとなっており、ペナントレースを戦い抜いた選手たちのコンディションも考慮すれば、ベンチ登録を毎試合28名に増やすべきではないかなど、議論しなければいけないことは山ほどあるのだが……。

そうして、セ・リーグ同士、あるいはパ・リーグ同士の決勝が見られるかもしれないということが、ファンに新たな関心をもたらすのではないかと考えている。

もうひとつ、これは拙著『采配』にも書いたのだが、10年に千葉ロッテと対戦した日本シリーズの監督会議では、「試合が第14戦までもつれてしまったら、どうするのか」という質問をした。

日本シリーズはセ・パ2リーグに分立した50年に導入され、その時から4戦先勝で日本一を決めている。ただ、細則には手が加えられ、延長15回を戦っても同点の場合は引き分けとなり、それで第7戦までに4勝するチームがなければ、第8戦を第7戦と同じ球場で翌日に開催。延長は無制限で、勝敗が決するまで行なう。それでも決着がつかない場合は、1日の移動日を設け、もう一方の球場で第9戦を行なう。

つまり、第1戦から第7戦まですべて引き分けた場合は、必ず決着させる第8戦以降で4勝しなければならず、最大14試合を行なう必要がある。にもかかわらず、第9戦までしか想定されていないのだ。

これを読んだ方々の反応は、「まさか、そんなことが起きるわけないでしょう」だろう。監督会議に出席した人たちの反応もそうだったし、私自身も夢物語だと思っている。

だからと言って、可能性がゼロではないことを想定しなくていい、という理由にはならない。私ならば、まず行なわれないはずの第8戦以降の球場などを準備するくらいなら、第7戦で決着するように初めから延長は無制限にする。

終電の時間を過ぎれば、観客の帰途が心配だという人がいる。だが、予め延長が無制限だと分かっていれば、何らかの対策は各々で立ててくれるはずだ。メジャー・リーグを見ていても、延長で日付をまたいでも、帰らなければならない人は帰るし、歴史的な試合だと観戦を続ける人もいる。そこは観客に任せればいいのではないか。それこそ、延長で日付をまたぐことさえ、そうは起こらないのだから。

そうして、無制限の延長を考慮してベンチ登録できる選手数を決めれば、選手やチームの無用な負担もなくなると考えている。だが、18年1月のプロ野球実行委員会で、日本シリーズ第7戦までの延長は15回から12回にあらためられた。私があえて質問した第14戦までもつれる可能性が高くなったのである。

私が10年に選手全員の登録抹消という形で訴えかけ、監督会議で質問した夢物語の〝少数意見〟には、ここまでのビジョンが含まれている。これが正しいかどうか、ファンに受け入れられるかどうかを検討する以前に、「落合が面倒なことを言っている」と見過ごしていては、プロ野球界の発展は望めないだろう。

そして、さまざまな課題を放置し、あるいは課題があることに気づかないまま歴史を重ねてしまうと、何か事が起きた時に一番の被害を受けるのは、未来を築いてくれるはずの選手たちなのである。

組織とは小さな「ピラミッド」の集まり

スポーツの指導者、あるいはビジネス・リーダーを経験した方なら痛感していると思うが、チームというのは実にデリケートな生き物だ。

プロであれ、アマチュアであれ、監督が「これなら勝負できる」と感じるまでチームを成熟させるには多くの時間や労力を費やすのに、監督のふとした言葉や行動、また監督が知らないところで起きた問題によって、あっという間にチームは空中分解してしまう。

その昔、監督は「黙って俺について来い」というタイプが多く、コーチや選手との関係には明らかに一線が引かれていた。最近では、コーチや選手の意向も積極的に採り入れようと、自らチームの輪に入っていく監督も増えたようだが、そのチームにとって絶対的に正解と言える方法論は、そう簡単には見出せないだろう。
そうした傾向の中で、私も自分が気づかぬうちにチームを空中分解させないよう、バランスの取れたチーム作りについて考えていた。

プロ野球チームもそうであるように、組織はピラミッド型で表されることが多い。一般的には、監督を頂点に、コーチや選手がいる**図1**のような感じだろう。ただ、ひと口にコーチ、選手と言っても、全員が同じ役割を求められているわけではない。

5年以上、一軍で実績を残しているレギュラークラスの選手に対して考えるべきなのは、いかに気持ちよくプレーしてもらうかだ。彼らを預かるコーチには、常に選手の状態を観察し、何か求められた時に的確なアドバイスを送ることのできる人材が適している。

図1

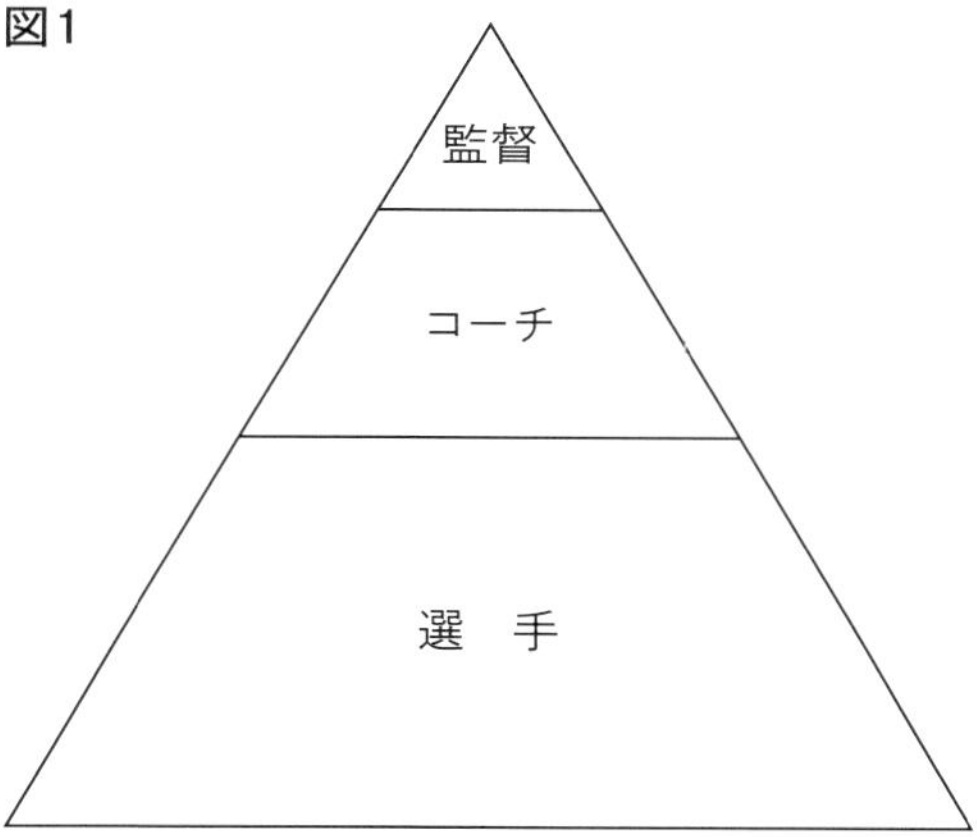

一方、野球の基本動作を学んでいるような新人や若手には、基本に則った動きをしっかりと教え、我慢強く成長を見守ってくれる技術屋のようなコーチが不可欠だ。そして、さまざまな役割のコーチから受けた報告によって、監督はチームが進むべき方向や速度をイメージする。

図2

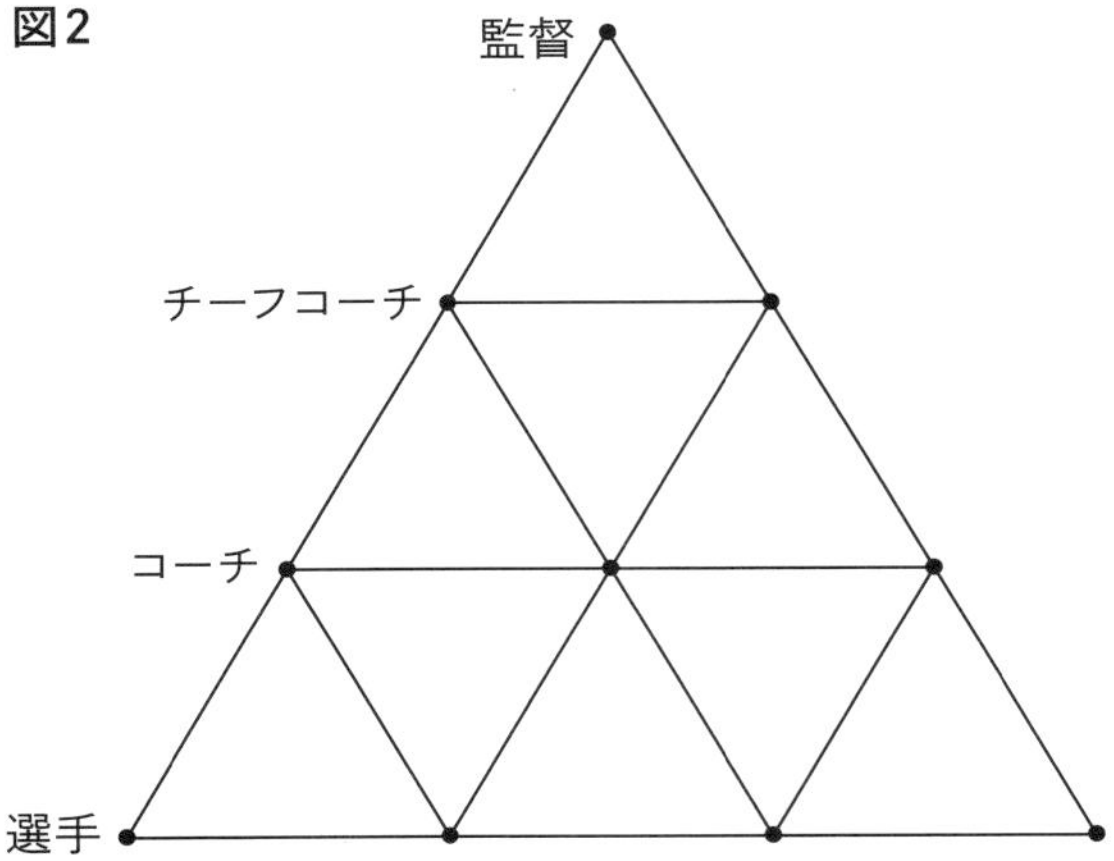

そう考えると、チームという大きなピラミッドの中に、監督とコーチ、コーチと選手、場合によっては打撃投手やトレーナーなど裏方も含めた小さなピラミッドがいくつも作られていることになる。**図2**のようになるだろうか。この小さなピラミッドのすべてが監督の意向に従って機能しているのがチームの健全な状態であるが、実際にそう上手くはいかないものだ。

たとえば、ファームで若手投手の育成がスムーズに運んでいないとする。だが、一

図3

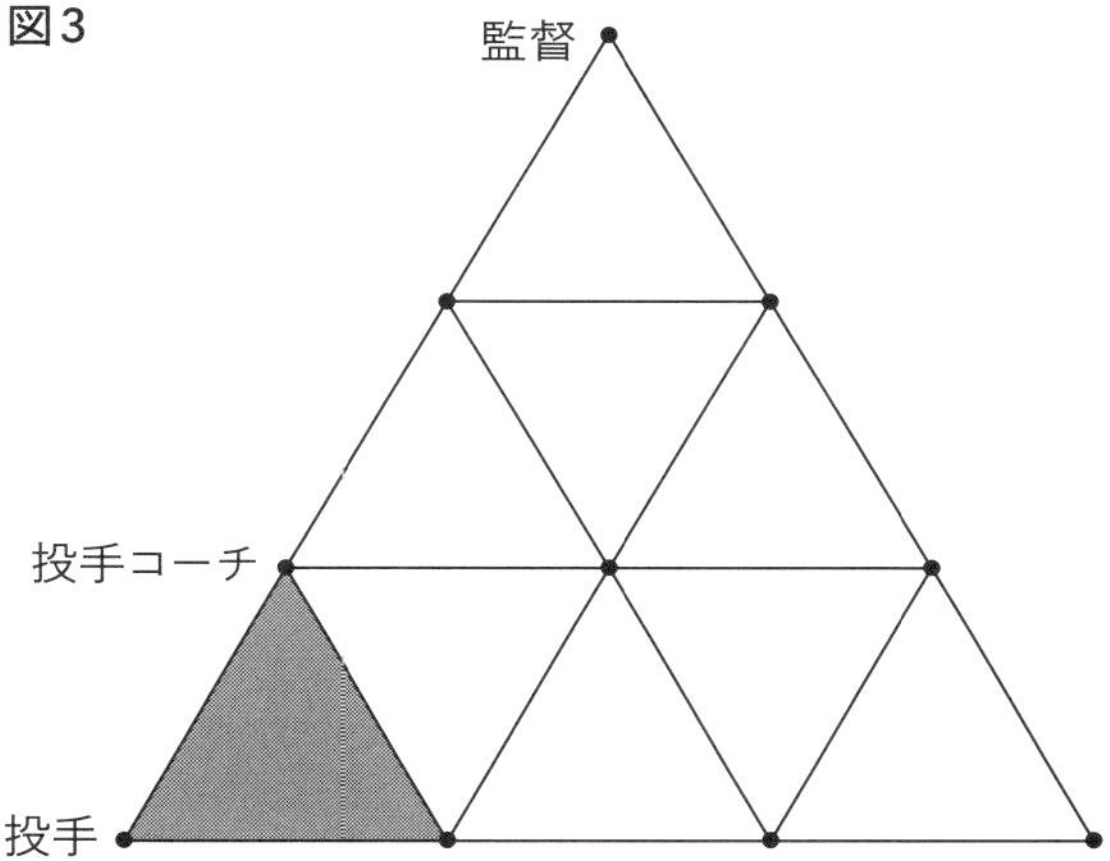

軍がまずまず順調にペナントレースを戦っていれば、それはチームという大きなピラミッドを構成するひとつの小さなピラミッド（図3で塗りつぶした部分）だけが機能していないということに過ぎない。つまり、監督の私が出て行き、可及的速やかに手を打たなければならないほどの問題ではない。

ならば、投手コーチの責任者を中心に打つ手を考えて実行してくれれば、場合によっては、監督に報告するまでもないのかもしれない。当たり前のことだが、チームの中で何か上手くいかないことがあっても、それを修正するために何から何までトップにいる監督が手を下すわけではないし、むしろ小さな問題ならば当事者間で解決し、元通りの状態に戻しておくことが、きれないピラミッド、すなわち強固なチームを築く大切な要素ではないか。

また、小さなピラミッド同士が対立関係になることもある。会社の組織ですぐにイメージできるのは、経理と営業か。

経理の担当者は「営業は、なぜこんなに金を使うんだ」と言う。それに対して営業マンたちは「金を使わなければ、いい仕事は取ってこられない」とやり返す。

経理は、会社が健全な状態を保てるのは自分たちが目を光らせているからだと自負している。営業は、収益を上げているのは自分たちだという誇りを支えに汗をかく。会社への思いは同じでも、仕事に対する取り組み方には違いがあり、特に金銭面を巡る価値観はどこまでも平行線だ。互いの主張がぶつかり合うのは避けられない。

そんな立場同士が、相手のやり方や思いを尊重する気持ちを忘れ、自分たちの主張だけを通そうとすると、頭の中からは「どうすれば会社は利益を上げられるのか」という考えが抜け落ち、組織は不健全な状態になっていく。

野球の世界でいえば、チームの状態がいい時、勝利を挙げている時は投手も野手も相乗効果で気持ちよくプレーできる。しかし、なかなか白星を挙げられない時、優勝など設定した目標から遠ざかっている時は、どうしても互いの足りない部分ばかりが気になるものだ。

そうやってチームや組織が思い通りに機能していない時は、投手と野手、あるいは、それぞれの部署が好き勝手に動いてしまう。それを整理し、それぞれの部署に動き方を指示するのはトップの仕事になる。部署間に対立があっても、「勝手にやらせておけ」という状態ならば、あえて手を打たないという判断を下すのもトップだ。

動くか留まるか、攻めるのか守るのか、徹底して改善するのか現状を維持するのか。さまざまな局面を冷静に分析し、組織をいい方向に導くのがトップの大きな役割である。だからこそ、ピラミッドのトップ、社長や監督はしっかりしていなければいけない。

トップさえしっかりしていれば、ピラミッド全体はまずまず安定する。そして、一つひとつの小さなピラミッドも、その中のトップがしっかりしていれば、ある程度成果は上げられるはずだ。トップの立場にいる人は、常に自分のピラミッドを形成している人たちのことを考えてやる。そうすれば、一つひとつの小さなピラミッドは機能し、それらが作り上げるピラミッド全体、すなわちチームや会社もふらふらと揺らぐことはないはずだ。

組織のピラミッドが崩れてしまった時、よく言われるのは土台が脆弱だったということだ。私はそうは思っていない。先に書いたように、ピラミッドの底辺に近づけば近づくほど、小さなピラミッドの数は増えているから、ひとつのピラミッドが機能しなくなっても、他のピラミッドで補うことはできる。

だが、ピラミッドの頂点が正しく機能しなくなると、代わりはいないのだから修復するのは難しく、次第に全体が崩れてしまう。そう考えれば、組織が機能しなくなるのは底辺に近い部分（土台）の問題ではなく、やはりトップに不具合があるからだと言っていい。

監督を務めていた時、私は「勝てば選手のおかげ。負ければ監督の責任」とメディアに発言していたが、それは監督たる私の姿勢を示して選手たちを鼓舞しようとか、チームの団結力を醸成しようとした方便ではなく、チームを預かる者としての偽らざる本音なのだ。

そして、いくら選手たちが力を備えていても、コーチ、つまり、ピラミッドのトップに近い部分がしっかりしなければチームは機能しなくなる。そう感じていたからこそ、選手とコミュニケートする以前に、コーチとの意思疎通をはからなければいけないと考えていたのである。

そして、周りから何を言われようと、トップに立つ自分の考え方や方法論がブレなければ、ピラミッドは揺るがないと確信してチームを率いていたことが、一定の成果を上げる原動力になっていたのだと思う。

常勝チームへの成熟を求められた私が、監督としてチームに浸透させようとしたのは、どんな場面でも責任の所在を明確にするということだ。

試合の勝敗というチームが出した最終結果の責任は、すべて私にある。だから、最下位になっても監督ひとりの責任……というわけではない。1試合の中のワンプレーという単位で考えても、監督、コーチ、選手のすべてに責任がある。

こんな場面で説明しよう。ファームから上がってきた若手の外野手を試合の途中からライトの守備につかせた。試合は1点リードのまま9回裏を迎え、逃げ切りをはかってストッパーを投入する。

そのストッパーは、先頭打者にライトへ大きなフライを打たれる。若手の外野手が捕れるか捕れないかという当たりだったが、ライトを見ると若手の外野手は必死に背走している。打球は外野フェンスの手前に落ち、打者走者は三塁に達してしまう。

1点リードしている9回裏の守り。このケースはいわゆる「長打警戒」で、外野手は本塁打やフェンスを直撃する以外の飛球ならばバックして捕れる位置に守らなければいけない。フェンスを直撃したり、左中間、右中間を破られる打球でも打者走者を二塁で止めなければいけないから、やや深めに守備位置を取っておいたほうがいい。

だが、若手の外野手は定位置にいたのだろう。完全に打球は頭上を越え、無死三塁というピンチに立たされてしまう。おそらくメディアは、このあと同点、逆転となれば「リリーフ失敗」と報じるのだろうが、実際のポイントはそこではない。

この場面の責任は、定位置にいた若手の外野手、守備位置を指示しなかった外野守備担当コーチ、若手の外野手を起用した監督にある。

まず、若手の外野手は、このケースでの守備位置の取り方を理解していたのか。

「プロなのだから、それくらいは知っているだろう」

「プロなのに、そんなことも知らないのか」

プロ野球界でよく使われる言葉だが、そう言って若手の外野手を叱責しても、問題は解決しない。若手の外野手が知っていたのに舞い上がって忘れたのなら、次に同じようなケースがあればコーチが指示しなければいけない。もし知らなかったら、しっかり教えて練習させることが必要だ。「あいつは使えない」とサジを投げる前に、やらなければいけないことはいくつもある。

もしも外野守備担当コーチが「あいつは怖くて使えません」と言ってきたら、私ならば若手の外野手ではなく、そのコーチをクビにするだろう。スカウトが汗をかいて探し、編成部で評価し、ドラフト指名した選手は球団の財産だ。能力のないコーチの一方的な見立てでクビにすることなどできない。むしろ、守備位置を教え、意識付けすることもできないコーチのほうが問題だ。もちろん、ミスをした選手にも徹底的に練習させるが……。

このように、試合の中でのワンプレーにも、選手、コーチ、監督の責任がある。それをどんな場面でも明確にし、各々が責任を持って仕事をするのが健全な組織だ。勝てないのは戦力がないから、コーチの指導が甘過ぎる――そんなふうに、無意識だったとしても責任転嫁してしまう人には、組織のトップ＝監督は務まらない。初めて背番号66のユニフォームに袖を通した時から8年間、このことは一瞬も忘れなかった。

「負けたくない」というプライドがもたらした優勝

2010年は4年ぶりにセ・リーグで優勝を果たしたものの、日本シリーズは千葉ロッテに2勝4敗1引き分けで敗れ、セ・リーグで優勝してクライマックス・シリーズを勝ち抜き、さらに日本一になるという目標は持ち越しとなった。

そこで、11年もリーグ優勝した上での日本一を目指すわけだが、中日にはセ・リーグを連覇した経験がなかったため、この年に優勝すれば、球団史上初の連覇になることも大きなモチベーションになっていた。

春季キャンプから万全の準備をしていたが、3月11日に発生した東日本大震災によって開幕日が3月25日から4月12日にずれ込み、それに従って日程にも変更があった。中日は例年通りのスロースタートとなり、4月19日から神宮球場に乗り込んだ東京ヤクルトとの3連戦に3連敗。一方の東京ヤクルトはここから勢いづき、4月に引き分けを挟んで9連勝すると、そのまま首位を走った。

中日も5月29日に1日だけ首位に立ったが、6月にかけて3度の3連敗で沈み、8月2日にナゴヤドームで首位の東京ヤクルトに0対1で敗れると、このシーズン最大となる10ゲーム差をつけられてしまう。

ただ、東京ヤクルトを追いかけるのであれば、私には勝算があった。理由は次の3つだ。

ひとつ目は、夏の暑さの中で、東京ヤクルトは屋外の神宮球場を本拠地にしている。ただでさえ選手たちの体力が低下している中で、優勝を争うという緊張感が加わる。前半のような勢いを維持するのは難しいと考えられた。

2つ目は、東京ヤクルトとは反対に、中日は涼しいナゴヤドームが本拠地であり、しかも、私に鍛え抜かれた選手たちは夏場から本領を発揮する。優勝争いも毎年のように経験しており、シーズン終盤の戦い方が身についている。

そして、3つ目は日程の変更、また5月に地方開催だった2連戦が雨で中止になっていたため、9月以降にナゴヤドームで東京ヤクルトとの直接対決を9試合残していたこと。9ゲーム離されていても、その直接対決に全勝すれば追いつけるという数字上のマジックが、選手たちに希望を抱かせていた。

暑さが増してくると、2位の阪神と3位の広島が失速し始め、4位の中日と5位の巨人が上がっていく。東京ヤクルトは9月6日の横浜戦から9連勝するのだが、それでも2位の中日とは6ゲーム差に詰まっていたから気持ち悪かっただろう。

そうして、9月22日からナゴヤドームでの4連戦は、4・5ゲーム差で迎えることになる。覚えている方もいると思うが、第1戦が開始される前、球団フロントは、このシーズン限りでの私の退任と、髙木守道さんが新監督に就くことを発表した。はじめは、この記者会見に私も同席を求められたが、シーズンの優勝を左右する戦いが始まる前に、翌年の話をするのはおかしいだろうと拒否した。

決して感情的になったのではない。過去にも、退任が内定した監督が、シーズン中に記者会見をすることはあった。すると、チームはそこから苦しい戦いを強いられてしまうものだ。選手の心情を想像すれば、シーズン後にはユニフォームを脱ぐ人間のために一生懸命戦おうとは思えない。だからこそ、監督の去就はすべての戦いを終えた後で明らかにすべきだと考えている。

また、私には現役時代の経験も含めて、プロ野球人としての信念がある。長いペナントレースでは、勝つこともあれば負けることもある。その勝負事を最後に左右するものは何かと問われれば、「諦めた者が負け、諦めさせた者が勝ち残る」ということだと思っている。

だからこそ、長い戦いの中で他のチームに「中日には勝てないよ」と思わせれば、私たちの勝ちになる。反対に、他球団に何ゲーム離されようが、マジックナンバーが出ようが、自分たちが諦めた時点で勝負は決着してしまうのだ。

そう考えると、優勝が決まる前に、翌年を見据えた選手起用を始めたり、監督が退任会見をすることは、何より毎日のように応援してくれるファン、球場に足を運んでくれる観客に対する一番の裏切り行為なのだと思う。

この年も優勝するつもりで指揮を執っていたし、周りが何と言おうと私は諦めなかった。果たして、22日から中日が3連勝し、ゲーム差は1・5に。もう東京ヤクルトは、首位にいるという気分ではなかっただろう。25日は敗れて2・5ゲーム差となったが、東京ヤクルトとは、まだナゴヤドームで5試合残っている。

結果的には、10月5日にゲーム差はなくなり、翌6日に中日が広島に勝ち、東京ヤクルトが阪神に敗れると、中日が首位を奪う。そして、中日が0・5ゲームのリードで迎えた10月10日からの4連戦に3連勝した時点でマジック4が点灯し、13日は吉見一起が3安打完封勝利でマジック2となる。

14日からの巨人3連戦には3連敗してしまったが、その間に東京ヤクルトも1敗してマジックは1となり、18日に横浜と3対3で引き分け、球団史上初の連覇を達成することができた。

監督としての私は、メディアに口を開かないことなどで批判されることが多かったが、球団フロントの一方的な退任発表には疑問を感じたファンも多かったようで、「絶対に勝ってほしい」という声援が大きな追い風になったことは確かだ。

また、その退任発表が選手たちの闘志に火を点けたという論調もあったか。確かに、退任発表の直後に森繁和ヘッドコーチが選手を集め、気持ちがひとつになるような話をしてくれたということは耳にした。

このように、連覇を達成できた要因はいくつかあると思うのだが、私が考える一番の理由は、監督と選手の信頼関係とか、監督を男にしようとする選手の意地といった浪花節的なものではない。本当に練習を積んできた選手が、自分たちほど練習をしていない選手には負けたくないというプライドだったのだと感じている。

私が指揮した8年間、中日が春季キャンプで消化する練習量が、12球団で圧倒的に多かったことはご存じの方も多いだろう。それに加え、ペナントレース中には一日の休日も与えなかった。

チームによっては、本拠地で金曜日から3連戦を戦い、また火曜日から3連戦がある時の月曜日は、チーム状態によって休養日にしたり、ベテランは休ませ、指名した若手だけの練習を行なったりする。

だが、私は選手たちに「年俸の高いヤツが練習しなくてどうする。下手クソが練習しなければ上手くならないだろう」と言い続けた。

実績のあるベテランを特別扱いせず、成長途上の若手は徹底的に鍛えた。そんな私を恨む選手はいても、ありがたいと思う選手はひとりもいなかっただろう。だが、私は常勝チームを作ってほしいというオーナーの命を受けて契約しており、どんな手段を用いても、それで誰に嫌われようとも、結果を残すことが使命なのだ。

ひとりの野球人としては、この時の選手が何年か先にユニフォームを脱いだり、指導者になった時に「キツかったけれど、いい経験をした」と思ってくれれば本望だった。

私が監督として中日というチームに残したものがあるとすれば、そうした信念を持って選手に接したことだろう。そして、その厳しさを8年間にわたって経験した選手が、自分の思いに忠実にプレーしてくれたことで、4回の優勝と1回の日本一を達成できたのだ。そのことは、8年間に在籍したすべての選手に感謝している。

監督という仕事を通して私が痛感しているのは、自分自身の仕事は何かを常に忘れず、求められた役割を自分なりに全うすれば、周囲の誰もが何も余計なことは言わなくなるということだ。

8年間の仕事を振り返って、私自身は「4回しか優勝をさせてやれなかった監督」だと受け止めているが、世間からは「4回も優勝させた監督」と言ってもらえる。また、チームを揺るがすような、組織のピラミッドを崩壊させるような不協和音も出なかった。

余談になるが、10年のシーズンに、私は荒木雅博と井端弘和の二遊間をそっくり入れ替えた。この理由については拙著に書いたり、講演などで話す機会もあった。その中で、将来的には荒木をセカンドに戻すつもりだったと明かしたが、12年はファーストを森野将彦、セカンドを荒木、サードを井端と考えていた。

ショートについては、守るだけなら岩﨑達郎や堂上直倫で十分。攻撃面を考え、他球団でフリーエージェント宣言した選手に声をかけるか、新人を含めて競争させるかとイメージしていたところだった。この内野陣の中なら、いいショートが育ったかもしれない。

どんなに時代が移り変わり、若者たちの気質やライフスタイルが変化しても、スポーツ選手が思うのは「上手くなりたい。活躍したい」ということ。ビジネスマンなら「いい仕事をしたい」ということしかない。

ならば、監督の役割とは、そんな選手を鍛え上げてチームを強化することだ。そして、監督の仕事ぶりがどうであったかというのは、鍛えられた選手たちが答えを出してくれるものである。

最終決定権は誰が持つべきか

組織やチームを表すピラミッド型について、私の考え方は先に述べた。野球チームであれば、監督を頂点に各部門のチーフコーチ、技術やトレーニングのコーチ、選手と連なるピラミッドだ。

そうした組織作りをした上で、選手は納得できる成績を上げる、コーチは選手をサポートする、監督はチームを勝利に導くという仕事に邁進するわけだが、8年間チームを率いて反省すべき点がいくつかあった。

一番大きなものは、あらゆる面での最終決定権を監督以外に持たせてはならないということだ。

現在、プロ野球界ではコーチの肩書きが細かく分けられる傾向にある。以前はヘッドコーチの下に、技術部門では投手、バッテリー、打撃、内野守備、外野守備、走塁コーチがいたが、そこにチーフ、総合といった肩書きが加わっている。

チーフ打撃コーチと野手総合コーチがいた場合、どちらがどういう役割を担うのか、チームによってそれぞれなのだろう。私の場合は命令系統を明確にするため、投手と野手でチーフコーチを置いた。

だが、そうやって新たな肩書きを加えると、私の思惑とは別の認識を持つ人が出てくる。私自身はまとめ役のつもりで「チーフ」を使ったのだが、チーフは一般のコーチより上の立場であるととらえ、そこに上下関係を築こうとしたり、私の知らないところで違う命令系統ができたりする。

コーチの間だけで「どちらが上か」とやり合っているうちはまだいいのだが、個々のコーチが選手を巻き込むようになると、話はややこしくなる。中日で実際にあったことではないと念を押して例を挙げれば、あるチーフ打撃コーチが選手にこう言う。

「俺は打撃コーチの責任者だ。誰を使うか監督に進言できるのは俺だけなのだから、言うことをよく聞けよ」

そうなると、選手としては別の打撃コーチにアドバイスを求めづらくなったり、グラウンドで対話をしているだけでも目をつけられるのではないかと疑心暗鬼になる。

その一方で、実績のある主力選手が別の打撃コーチを信頼していると、そのことを盾にチーフ打撃コーチに対立感情を抱き、「なぜ監督はあの人（チーフ打撃コーチ）を信頼しているのか」などと吹聴し、選手はますますどうすればいいのか分からなくなる。気がつけば、チーム内にコーチを頂点にした派閥ができ、一丸となって戦う目的はどこかへ行ってしまう。

監督がチーフ打撃コーチに持たせたいのは責任感なのだろうが、本人は権限を与えられたと受け取ってしまう。権力を振りかざしたいというタイプの人間でなくても、「自分はチーフの肩書きを与えられたのだ」という使命感が、いつしか上から目線の物言いになっていることもあるだろう。これが肩書きの難しさではないか。

もうひとつ、年を追うごとに細分化されるトレーニングやコンディショニング部門のスタッフとも信頼関係を築かなければいけない。

プロ野球でプレーした後、トレーニングやコンディショニングに関して学んだという人材、すなわち、野球にはどんなトレーニングが必要なのか身をもって理解している人はまだ少ない。

ゆえに、私たち野球の指導者は科学的トレーニングについて学び、野球以外の畑で学んだトレーニングコーチには、理論上ではなく、実際に一人ひとりの選手に適したトレーニングを考えてもらわなければならない。

その際、どういった内容のトレーニングをどの程度やらせるかということは重要なテーマだ。ただ、監督やコーチはトレーニングに関する知識が乏しいため、その部分をトレーニングコーチに任せ切りにしてしまうことが少なくない。

いや、トレーニングコーチにトレーナーも加えたスタッフが、各部門のコーチとの話し合いをしっかりしておけば、任せ切りにすること自体は悪くないのだろう。監督が悩むのは「この質や量でいいのか」という疑問を持っても、それを上手く伝えられないということのようだ。

たとえば、技術的なことなら、「もっとバットを振らせてほしい」とか「基本的なことから教えてもらいたい」とコーチに求められるのだが、トレーニングについて「もっと走り込ませたい」と言った時、「これ以上やらせたら選手の体が壊れてしまいます」と返されると、話は平行線をたどってしまう。

「これ以上やらせたら選手の体が壊れてしまいます」とトレーニングコーチに言われて、「構わないよ。壊してもいいからやってくれ」とは返せない。トレーニングコーチは、自分が学んできた方法論から選手を鍛えられるプログラムを作っているので、監督から根拠のないように思える指示を出されても「はい、わかりました」と軽々しくは言えない。むしろ、そういう監督にトレーニングの知識を伝えることも仕事なのだと考えている。

また、選手も練習内容に根拠を求める傾向が強く、特にトレーニングに関しては自分のフィーリングに合うものを好む。練習内容を話したり、コンディションの相談をするうちに、トレーニングコーチとは精神的な距離も近くなるゆえ、強い信頼感を持つようになる。

それも悪いことではない。ただ、すべてをトレーニングコーチに委ねてしまうと、肩に違和感を覚えた時、それが張りなのか痛みなのか自分では分からなくなり、結局トレーニングコーチが「大丈夫」と言えば練習し、「休んだほうがいい」と指示されれば休養することになる。

そうやって、選手がトレーニングコーチの指示だけを頼りに動くようになると、監督はストレスを溜《た》めることになる。

ある指導現場で起きた話だ。若い投手が肩の違和感を訴え、1年間を休養に充てたものの、2年目もなかなか投げられない。骨折や靱帯の損傷など、医師から明らかな診断が出ていれば治療法もあるのだが、「どうもしっくりこない」という感覚的なものはどうしようもない。

トレーニングコーチが、走り込みなどのプログラムを作って回復をサポートしているが、監督としては2年間も戦力としての目途が立たない投手をチームに置いておくわけにはいかない。仕方なく、その投手にこう伝える。

「このまま投げられないようなら、今年限りでユニフォームを脱いでもらう。無理して投げたら潰れるのかもしれないが、投げずに終わるか、投げてみるのか自分で考えてほしい」

クビになるならやるしかないと、その投手は投げてみた。はじめは肩に負担があったが、次第に投げられるようになったという。何かのきっかけで、投げるのが怖くなり、それが肩の違和感になったのだろう。こうした問題が、あちらこちらから聞かれる。

トレーニングコーチが学んできたことや指導法は尊重されるべきだ。しかし、同時に野球チームでトレーニングコーチを務めている以上、監督の意向に100%従って選手を鍛えるしかない。その点、中日での私はトレーニングコーチに恵まれた。

春季キャンプ中に、私は時折、投手陣がトレーニングに励んでいる陸上競技場に顔を出す。そして、1周何秒以内でと決めているタイム走に「もう5秒速く」などと注文を出す。投手たちは嫌な顔をしつつも、しっかり5秒縮めて走ってくる。言ってみれば、昔ながらの根性練習だ。ある時、「監督が勝手なことを言っても大丈夫なのか」とトレーニングコーチに尋ねた。

「監督、選手の体はそんなに簡単には壊れません。監督の言うことが不条理なら、私たちが指摘します。それに、選手はきつければ手を抜き、それでも限界になったら言います。最近は選手に対して、少し過保護な傾向があるから、心配しなくて大丈夫ですよ」

彼らは、選手のコンディションに関して細かな報告をしてくる。また、死球を受けたり、プレー中に負傷した選手が、その後も試合に出場するのかどうかは、選手の意思を判断材料にするという私の方針も理解してくれた。そして、トレーニングコーチ、コンディショニングコーチ、トレーナーが一体となり、選手たちに不安なくプレーさせてくれた。

技術部門だけでなく、トレーニングも含めたすべての面で、コーチは監督の方針に従って動く。コンディショニングコーチならば、一人ひとりの選手がプレーできるのか否か、その時の状態を毎日報告するのが日課である。その上で、どういう指導をするかは各部門のコーチに任せていた。もちろん、監督は指示するだけでなく、さまざまな分野を勉強しなければいけないが、聞こえのいい合議制よりも、監督を頂点にしたピラミッドがしっかりしているほうが、チームは強く、勝てるようになると考えている。

遠近2つの距離から選手を見続ける

チーム作りというのは、どの選手をどのポジションに配置するかというパズルのようなものだ。監督は前年のシーズンが終わった時点から青写真を描き、それを秋季キャンプ、冬場の自主トレを経た春季キャンプで修正していく。

私で言えば、春季キャンプを終えてオープン戦を迎える頃には、その年に起用するメンバーはほぼ固まりつつあった。チーム作りという意味では、仕事の80％を完了させていたと言っていい。

勝てるチーム作りに必要なのは、優れた技術指導力よりも、一人ひとりの選手がどんな思いで野球（仕事）に打ち込み、何を為したいのかを具に観察することだろう。

極論かもしれないが、よほど能力のある選手を揃えない限り、勝てるか否かは首脳陣がどこまで選手を把握しているのかで決まると感じている。だから、〝選手を見る〟ことに関しては一切の妥協をしなかった。

「活躍したい」と必死に練習に取り組む選手がいる。

私からの命令とはいえ、それに付き添うコーチもいる。それなのに、私だけが来客と談笑しながら夕食をとるわけにはいかない。監督とはどうあるべきか、という精神論めいた話ではなく、大切な選手を預かる立場として、当然の考え方ではないかと思っている。

そうやって選手を観察していると、技術的な面だけではなく、その選手の性格や体調まで見えてくる。

春季キャンプで朝一番に選手たちと顔を合わせれば、「あいつは昨日の晩に飲み過ぎたんじゃないか」とか「少しコンディションが悪そうだから、コンディショニングコーチに注視させよう」と一人ひとりに対して感じることがある。

8年も監督をやっていれば、そうした面では、すべての選手の体から心まで知り尽くしたと言ってもいいだろう。

とはいえ、選手について何か感じることがあっても、見ているだけで指示は出さなかったが……。

そこまで選手たちに寄り添えば、勝てるチームを作れるのかといえば、もうひとつやらなければならないことがある。チームや選手と距離を置き、俯瞰するということだ。

春季キャンプを終える時には、仕事の80％を完了させていると書いたが、それは戦力を整えるという段階での話だ。ペナントレースが始まれば、相手のある戦いを続けていくことになる。いくら監督自身が満足するチームを作ったとしても、対戦相手がそれ以上のチームを作ってきたら、肝心な〝勝つ〟という目標を達成することはできない。それでも開幕した途端に白旗を上げるわけにはいかないのだから、そのシーズンを通してチームをどう指揮し、勝利に導くかということを考え抜く。

勝てるチームを作るということは、チームを作るだけではなく、勝利という成果に導かなければならないのだから、監督としての本当の仕事はここから始まるという見方もできる。

その際に必要なのが、選手やチームを客観視できる目である。

多忙を極め、家庭でも、あるいは休日でもなかなか子供と触れ合う時間を作れないというビジネスマンでも、奥さんから話を聞いたりすることで、ある程度子供のことは把握できているだろう。しかし、運動会や学芸会に足を運び、学校やクラスというコミュニティにいる子供を見た時、家庭では見せない表情をしていたり、思わぬ一面を垣間見たことのある人は少なくないはずだ。

実は、それは意外なことではない。家族は自分にとって最も近い距離にいる存在で、ましてや自分の子供となれば、「健やかに育ってほしい」と願わずにはいられない。そんな子供が幼稚園、小学校、中学校と成長するにつれ、外の世界での生活時間が長くなればなるほど、親の知らない部分が増えていくのは当然だ。

近くにいるからこそ気づかない、近ければ近いほど気づきにくい。そういう面が自分の子供にさえあるように、監督にとっての選手も、毎日のように接しているからこそ気づかない面を持っている。そして、それが選手起用をする際に重要なポイントだったりする。

そうした理由から、選手を運動会や学芸会のような視線で見てみる機会が必要なのだ。手っ取り早いのは、バックネット裏に観客席を設けているグラウンドなら、その座席から練習を見る。校庭で練習している高校なら、校舎の3階あたりから見るのもいいだろう。目的は、距離を置いて選手を観察するということだ。

プロの世界でも、昔からファームのグラウンドには、毎日のように練習を観に来るおじさんがいる。時間がある時に雑談すると、野球経験がない人でも選手について的確な見方をしていたり、チームの人間が気づかないことを指摘されたりすることがある。監督をしている人なら、多かれ少なかれ、そんなおじさんに出会った経験があるのではないか。

そうした利害関係のない人の視点、客観的な見方もチーム作り、特に実戦で采配する時の大きなヒントになるものだ。

2~3日、観客席から練習を見ていると、まず自分がどれくらいチームに入り込んでいるか、入り過ぎているかが分かってくる。新人ならば大きな期待をかけ、伸び悩んでいる選手には、なんとかきっかけをつかんでほしいと願う。同じグラウンドに立ち、近い距離で選手と接している自分が、どれだけチームに入り過ぎているのが分かるはずだ。

私の経験で言えば、そうした期待感が、実戦で采配する際には邪魔をする。試合で勝つためには、どれだけ冷静に局面を見極め、その上でどういう手を打つかを決断しなければならないのだから、監督はチームを指揮する能力も研ぎ澄まさなければいけない。

サッカーに関して私は素人だが、日本代表の国際試合をテレビで観ていると、「あのフリーの選手になぜパスを出さないのか」などと思ったりする。だが、それはグラウンドを俯瞰した映像を見ているから気づくのであり、同じ目線でプレーしている選手やベンチ前の監督には見えていないのかもしれない。

野球でも、スタンドの解説席からなら見えるのに、当事者としてベンチから見ていると気づかないことはいくらでもある。

また、近くからでは見えにくい選手の動きも分かってくる。全員でランニングする際に足並みが揃わない選手、大きな声は出しているもののプレーでは手抜きをする選手、意外に単純な練習を黙々とこなす選手。いい面でもそうでない面でも、新鮮な発見があるのと同時に、こんなことを考えるようになる。

同点で迎えた試合終盤に先頭打者が出塁した。さて、1点を勝ち越すためには、バントで送って一死二塁の形にするか、一塁走者に走らせるか、あるいはランエンドヒットを仕掛けるか。監督がどの戦術にするかを選択する際には、当然ながら一塁走者の走力、打者のバントやゴロを打つ技術を考慮するだろう。

こうした場面で、チームを俯瞰する視点を持たない監督は、どうしても一死二塁の形を作りたいと思えば、打者が誰であれ、送りバントのサインを出す。

「あれだけ練習をさせているんだ。なんとか決めてくれるだろう。いや、決めてくれ」

しかし、監督の期待も空しく強めのバントが投手前に転がり、送るどころか併殺で二死になってしまう。

「やはり、あいつではダメだったか。うちでもバントが上手いほうではないからな……」

監督も人間だ。この後悔に似た思いは、必ずその後の采配にも影響する。

それならば、バントの下手な選手に思い切って打たせるのか、どうしてもバントで走者を進めたいからバント要員の代打を使うか。冷静に試合の流れを読みながら決断できる感性を研ぎ澄ませるためにも、年間を通して練習を俯瞰することをお勧めしたい。

もちろん、これは選手の動きだけでなく、コーチの動きも観察できる。また、同じような視点を持ってもらいたいと思うなら、コーチにも練習を俯瞰から観察させてみるのもいいだろう。

そして、この時に大切なことをひとつ書いておこう。どんな分野でも、技術を身につけるのは大変だが、必死に取り組んでいれば、どこかで「マスターできた」と感じる瞬間がある。野球なら、選手自身が感じたり、指導している監督やコーチが見て取る場合もあるだろう。

ところが、「マスターできた」と感じ、その取り組みをやめてしまうと、瞬く間に技術は元に戻ってしまうものだ。それを防ぐためには、身につけたいと必死になっていた取り組みを続けていくしかない。それは、現役引退を決意してユニフォームを脱ぐまで。できないことをできるようにするのが練習なら、できるようになったことを継続するのも練習なのである。

監督は、一人ひとりの選手が課題としている技術を身につけられたかどうかを見るのと同時に、身につけた選手が磨き続けているかどうかも見極めなければならない。そのためにも、練習を俯瞰から観察してもらいたい。

子供を見る親のように選手をしっかり観察する目を持ちながら、時には選手がチームの中でどういう立ち位置にいて、どう動いているのかを客観視する。この遠近２つの距離から選手を見続けることが、勝てるチーム作りには必要だと考えている。

チームを進化させたければまず基本から

「チームを強くするには、どうすればいいですか？」

そんな質問をされた時、私が具体的な練習法を説明し始めれば、聞き耳を立てたり、熱心にメモを取り、大半の指導者が日を置かずに取り組んでみるのだろう。

しかし、私はその質問を本気で聞かれれば聞かれるほど、こう答える。

「何だかんだと言っても、しっかり食事をとり、十分に睡眠をとることでしょう」

それを聞いた人たちは、「やはりそうか」と納得こそしてくれるのかもしれないが、明日から選手の食事を見直そうとまでは考えてくれないだろう。

考えてみてほしい。チームを強くするには、理に適った練習を他のどのチームよりも多く反復することだ。そうした練習をやり切るには、どのチームと比べても圧倒的な体力が必要になる。体力がついていないのに猛練習をすれば、ケガや故障で選手は使い物にならなくなってしまう。

では、どうすれば圧倒的な体力が養えるのか。誰よりも食べ、しっかり休養をとるしかない。つまり、チームを強くするにも、選手の実力を高めてやるにも、基本の基本となるのは食事と睡眠だ。これは、拙著には繰り返し書いている。

ある時、社会人のベテラン選手と話す機会があった。チームの予算の使い方に関心があった私は、こんな質問をしてみた。

「いくつかの大会で上位に進出したシーズンと一回戦負けが多かったシーズンでは、遠征の宿泊代なども変わってくる。もし予算が余ったら、何に使っているのだろう」

選手の立場では、チームの予算がどれくらいで、それをどう使うのか詳細までは知らないそうだが、気前よく用具を購入してくれる年があり、そういう時は予算が余ったのかな、と思っているという。

チームが負けたのなら、翌年は選手にいっそう頑張ってもらわなければならない。ならば、余計な故障者を出さないよう、普段より慎重にメディカル・チェックをしたり、食事の質を上げて選手の体力を強化しようとは考えないのだろうか。

野球の世界に限ったことではなく、組織をもう一段階レベルアップさせたいと考えた時、トップに立つ者は基本的なことから見直し、最優先で改善していこうとする。だが、その最優先に改善すべき基本が、私に言わせれば基本ではないのだ。

これは、練習方法にも表れている。

捕手の守備練習を例にしよう。正捕手になれる要素のひとつに、キャッチングやワンバウンドのボールを止める技術がある。野球の練習を見学したことがある人なら、コーチがワンバウンドのボールを投げ、捕手がそれを身を挺《てい》して止める練習を見たことがあるだろう。

ただ体でボールを止めればいいわけではない。大きく弾けば走者が進んでしまうので、なるべく体に近い位置にボールを落とし、すぐに拾えるようにする。この技術が高い捕手には、投手もワンバウンドするのを恐れずに低目を狙って投げることができるし、捕手自身もその球種のサインを不安なく出すことができる。

そうした理由から、捕手の守備力向上にワンバウンドを止める練習はつきものだ。問題は、そのやり方にある。

多くのチームは、コーチがワンバウンドのボールを投げ、捕手はひたすら止める。

だが、よく見ていると、捕手は通常の捕球姿勢から瞬時にワンバウンドを止める姿勢になる。それはそうだ。捕手は、ワンバウンドが来るのを知っているのだから。

実戦で考えれば、まず捕手に必要なのは、ストライク、あるいはストライクかボールかギリギリのコースに投げ込まれるボールをしっかり捕球することだ。最近は、ミットを動かしてボール球をストライクに見せるのは非紳士的行為とされているが、ギリギリのコースを球審にストライクとコールしてもらえる捕球技術は必要だ。

そこまでの基本動作ができた上で、ワンバウンドもしっかり止めてやりたい。あくまで基本の捕球技術があり、ワンバウンドを止めるのは応用の段階と言っていい。それを踏まえ、私が監督の時の中日では、ワンバウンドにストライクも交ぜて捕球練習をした。

新人や移籍してきた捕手がこの練習を始めると、コーチが投げようとした途端に踵《かかと》を上げてワンバウンドの捕球姿勢をとろうとする。そこにコーチがストライクを投げると、はっとミットを出すもののボールを弾いてしまう。

「おい、なぜワンバウンドだと決めつけているんだ。投手がどんなボールを投げてくるのかは、見てみるまで分からないだろう」

そう言われた捕手は面食らった表情をしたり、「これはワンバウンドを止める練習じゃないのか」と心の中で思っている。しかし、基本的に捕手が出したサイン（球種やコース）に従って投手は投げるにしろ、どんなボールが投げ込まれるのかは、実際に見るまで分からない。

ならば、ストライクが来ると思ったもののワンバウンドになった場面に対応できる練習を積み重ねなければ、緊張感も伴う実戦の中で、瞬時の対応をするのは難しくなる。そう考えれば、ストライクとワンバウンドをミックスした捕球練習になるのは当然だ。

それでも、ワンバウンドしか投げない捕球練習をしているチームが多いのは、ストライクをしっかり捕球するのは当然であり、ワンバウンドをどれだけ止められるかが重要だから、それに特化した練習をするという意識が強いからではないか。

ワンバウンドをしっかり止める技術も大切だが、それ以前にストライクを正確に捕球する技術が基本の基本であることを忘れてはならない。野球の技術のように、専門性が高くなければなるほど、基本の基本は何かということが見過ごされがちなのだ。

知人に「なぜその仕事をしているのか」と尋ねてみれば、その人の思いや価値観で、いろいろな答えが返ってくると想像できる。私自身は「生活の糧だから」が正解、あるいは原点的な答えだと思う。

決して言葉遊びではない。仕事をするのは、誰もが生活をしていくためである。もし、仕事をしなくても食べていけるだけの財産があれば、遊んで暮らしたいという人は少なくないだろうし、どんな人でも楽をして生きていきたいと思っているはずだ。だが、暑くてイライラする日も、寒さに凍えそうな日も、朝から出社して仕事に励むのは、それをしなければ生活できなくなるからだ。

趣味が仕事になれば最高だ、大きなプロジェクトを成功させたい、顧客を満足させたいというのは、仕事にモチベーションを持って取り組むための目標や夢であり、仕事をするのは食べていくためだろう。

どうしても、そうした基本の基本は「当たり前のこと」として意識されなくなる。ある時期、日本でも失業者の増加が話題となった。だが、その時でも仕事はあった。要するに、この仕事はきつい、この条件では働けないという人たちが、自分の就きたい仕事に巡り合えなかっただけだ。

「やりたい職種ではないけれど、ここでがんばれば道は開けるのかもしれない」

仕事は生活するためにやるものだという意識があれば、そう考えられる。また、「新入社員はトイレ掃除が日課だ」と言われた時、「なんてことをやらせる会社なんだ」と嫌々やるか、「どうせやるならトイレをピカピカにしてやろう」と思ってやるかで、人生の風向きは変わる。

何をやっても思い通りに運ばない時、あるいは満足できる成果を上げつつも、もうワンランク上の結果を残したいと考えている時こそ、基本の基本は何なのかをはっきりと意識すべきだ。また、基本の基本から取り組んでみるのが、自分を、自分のチームを進化させる第一歩ではないかと考えている。

チームリーダーやムードメーカーは必要か

「野球の練習や試合で、大きな声を出すことに意味はあるのですか」

そんな質問をされることがある。40代以上の指導者は、子供の頃から「練習中は声を出せ」と教えられ、試合でも「元気さでは相手に負けるな」と言われてきた世代だろう。だが、それはスポーツをする者にとって当たり前のことで、声を出す意味を考えたことすらないのかもしれない。

私自身も、この質問をされるまで、練習中や試合で元気に声を出すべきなのかどうかは考えたこともなかった。

結論から言えば、どちらでもいいと思っている。

練習中は、グラウンドの中で2個以上のボールが飛び交っている場合があるから、危険を防止するためにもボールの位置を教えたり、注意を喚起するための声は出したほうがいい。しかし、試合では自分のプレーに集中し、対戦相手を観察することが不可欠である。

「セーフティバントを頭に入れておけよ」

「ライナーはバックだぞ」

こうした、次に想定されるプレーについて確認するような声は必要だ。

「元気出していくぞ。しっかり守るぞ」

そんな特にプレーとは関係のない声を出すかどうかは、さほど重要ではないと思う。

ひとつ言えることは、監督のタイプによってベンチの雰囲気は変わる。活発に声を出し、ムードを盛り上げることがチームに勢いをもたらすと考えている監督なら、負けている時など「しゅんとしないで声を出せ」と言うのだろう。要するに、監督が声を出す必要性を感じているかどうかだ。

私の現役時代を思い出すと、ひっきりなしに声を出している選手もいれば、静かにベンチに座っている選手もいた。誰だったかは覚えていないが、大きな声を出し続けていて、監督かコーチから「うるさい。少し静かにしろ」と言われた選手もいた。

監督としての私は、声を出すか出さないかを、選手を評価する基準にしたことはない。練習で元気だから使ってみようとか、あいつがベンチにいるとムードが盛り上がるなどとは考えたこともない。

ただ、ベンチの雰囲気というのは、プロとアマチュアでは違うものなのかもしれない。プロ選手は個人事業主で、チームの勝利を目指すとはいえ、あくまで自分の成績を残すことが第一義である。だから、チームリーダーは必要ないし、ムードメーカーがいるかどうかも重要ではないと考えている。

対してアマチュアは、チームの勝利が最優先だ。チームをまとめるために、首脳陣と選手のパイプ役が必要だと考えればキャプテンやチームリーダーを置くだろう（成熟したチームには、チームリーダーは必要ないと考えているが）。

また、ベンチのムードに勢いがあったり、一体感が感じられれば相手を精神的に上回れるというのであれば、戦略の一環としてベンチの雰囲気を盛り上げようとするのは間違いではないと思う。ムードメーカーが、その役割を担うことになるのか。

おそらく、プロで監督を務めたことがある人でも、そこまでベンチの雰囲気作りにこだわった人はあまりいないと思う。それでも、そういう人が試合の解説をした時に、負けているチームを見て「ベンチに元気がないですね」などと発言するから、ベンチの雰囲気も重要なのかと考えてしまうのではないか。

スポーツの世界にいれば、元気はないよりあるほうが好まれるのかもしれない。しかし、元気があるかどうか、声を出すかどうかが勝敗に直結するとは、私自身は考えていない。

むしろ、ベンチをキーワードに話を進めれば、私がひとつだけ徹底したのは「無闇やたらとベンチを空けるな」ということだ。

指導者の方々はよく思い返してもらいたい。自分が現役だった頃に比べて、最近の選手はベンチを空けることが多いだろう。これは、プロが悪影響を与えている部分も少なくないと思う。

私の現役時代は、ブルペンで投球練習をしている投手以外は、ほぼベンチに座って試合を見ていた。代打や守備固めが役割の選手は、できる限り試合から目を離さなかったし、交代して退いた選手もベンチで試合を見ていた。

だが、プロの本拠地球場が、ブルペンだけでなく、ベンチ裏やロッカールームにまでモニターを設置するようになってからだと思うが、ベンチを空ける選手が増えてきた。監督をしていた時も、相手ベンチに首脳陣のほかは2〜3人しか選手がいないという光景を見たことがある。しかも、そうやってベンチに選手が少ないチームは弱い。

勝てないチームは、ベンチの雰囲気がよくない。だから、代打や守備固めの準備を言い訳にして、なるべくベンチにはいたくない。そう選手が考えるなら、ベンチの雰囲気も大事だということになるのだろう。

私の見方では、選手たちがベンチからしっかり試合を見ていない、それを首脳陣も指摘しないから、肝心な場面で結果を残せず、チームも勝てなくなる。そう、原因と結果が逆なのではないか。


私も現役時代は、ベンチに座って試合をよく観察した。若い頃は、対戦相手の選手のプレーからも何か学ぶことはあるという思いで一挙手一投足に目を凝らした。33歳でロッテから中日に移籍した頃は、広島、巨人と優勝を争うことが多かった。

そこで注目していたのは広島のベンチワークだった。阿南準郎監督の下でヘッドコーチを務めていた田中尊さんは、絶妙のタイミングでタイムを取り、マウンドに足を運んでいた。

野球におけるタイムというのは、攻撃にしろ守備にしろ、言葉で伝えておかなければいけない重要な指示や確認をする場合、あるいは流れを呼び込むために間を取る目的が多い。

つまり、ピンチを切り抜けたり、自チームを優位に持っていくための戦術になるが、田中さんの場合は相手の勢いに水を差すタイムが多かったと記憶している。広島と対戦し、押せ押せムードで一気に攻め込みたい場面になると、決まったように田中さんが球審にタイムを告げ、小走りにマウンドに向かう。これには本当に気分が悪くなり、次第に「こういう間の取り方はできないものか」という視点で田中さんのタイムを学ぶようになった。

その後、私がフリーエージェントで巨人に移籍すると、メディアは『落合効果』という表現を使うようになった。これは、僅差の試合で決勝打を放つといったプレーでの貢献よりも、マウンドに行って投手に声をかけたり、若い選手にアドバイスをするような行動にスポットライトを当てたものだった。その動きは、田中さんから学んだものである。

そして、この行動は私の野球観をもう一段階深めてくれた。

野球では、ベンチのサインに従ってプレーするのが大原則ではあるものの、選手がグラウンドで感じ取ってくることも極めて重要だ。

だからこそ、試合の流れや勝負の分かれ目をしっかり感じ取れる選手に育てたい。実戦でしか学ぶことができない要素をいかに身につけていくか、それは試合を見るしかない。ただ見るのではなく、目的意識を持った観察眼を養っていくのだ。

ベンチというキーワードで私が語れるのは、声を出すか出さないか、ムード作りはそれぞれでいいが、みだりにベンチから離れず、目の前の試合から何かを感じ取れということだ。

グラウンドとベンチというのは、野球選手にとって仕事場である。声を出すかどうかは働き方だろう。現代の職場事情に置き換えても、働き方は人それぞれでも構わない。だが、頻繁に離席するようでは、満足な仕事はできないのではないか。

「同じことをしていたら勝てない」の意味

アマチュア選手がプロになる、すなわちドラフト指名されるのは大変なことだ。
また、ようやく入ったプロの世界で大成するのも簡単なことではない。
そして、プロである程度の成績を残しても、それを継続し、レギュラーになったり、一流といわれる領域まで到達したりするのはさらに難しい。

その昔は、せっかくプロ入りできても、一軍出場できずに消えていく選手が多かった。一軍出場がなければ、プロでプレーしたという記録は残らない。そう考えれば厳しい世界だ。

しかし、最近は70人枠や投手の分業制、先発投手の登板間隔が長くなったこともあり、一軍出場がないまま退団していく選手は少なくなった。そして、一軍出場のチャンスを生かし、まずまずの数字を残す選手も増えたと思う。
ただ、そうして一軍出場のハードルが下がった分、10勝をマークした投手が翌年から勝てなくなったり、一度はレギュラーをつかみかけた野手がすっかり控えに甘んじたりしてしまうケースもよく目にする。

こうした話題ですぐに思いつくのは、ちょっとした活躍でメディアにもてはやされ、勘違いをしてしまうというパターン。だが、最近の若い選手はナイーブで、おだてても木に登らないタイプのほうが多いのではないか。

むしろ、「10勝したのだから、先発ローテーションに定着しなければいけない」という責任感を抱く。それはいい。

「そのためには、これまで取り組んできたことを続けて本物にしよう」と考えてくれれば御の字なのだが、「これまでと同じことをしていたらダメだ。相手も研究してくるのだから、何かを変えなければ」と考えてしまうと厄介である。

野球以外に目を向けても、次から次へと新たな技術を身につけていく人など、なかなかいないだろう。

受験勉強を例にしてみよう。思ったように理解を深め、成績も伸びている時に塾や予備校、あるいは担当の講師を変えようと考えるか。それを検討するのは、成績が思いどおりに伸びない時ではないか。

それと同じで、新人で10勝を挙げた投手は、その土台となった練習を根気強く継続し、翌年も10勝を目指せばいいのではないか。

勝ち星というのは試合展開にも左右されるのだから、むしろ投球回数を増やしていくことを目標にしてくれたほうがいい。

自覚しなければならないのは、自分はまだプロで1年プレーしただけの「半人前」だということ。

まず目指すべきなのは、しっかりとした「一人前」の投手になることだ。プロ野球界では「5年やって一人前」と昔からいわれているが、私も同感である。

監督という立場からいえば、5年続けて規定投球回数に達した投手に対しては、6年目から「ケガさえしなければ、これくらいはやってくれるだろう」と計算を立てるものだ。

中日のゼネラル・マネージャーとしてアマチュアを視察していた際、社会人や大学生で目を付けた投手が、ドラフト指名できる年になったとたん活躍してくれないというケースがいくつもあった。大学卒の投手だと、ルーキーで目立つ数字を残したものの、ドラフト指名が解禁となる2年目にはさっぱりなのだ。

その理由を探ろうと情報収集すると、「1年目からフル回転で投げた疲れを取らなければいけないと、2年目は自分のペースで調整させた」と聞いたことがある。23歳の育ち盛りの投手が、たった1年、他の投手より多く投げただけで、ベテランのように調整するのかと驚かされた。

プロ入りできる力のある投手を潰したら責任を取れないと、監督やコーチがプレッシャーを感じるのはわからなくもない。だが、はっきり言って過保護だろう。

1年活躍したくらいで慎重に調整をするような投手が、厳しいプロを生き抜いていけるのか。表現はよくないが、2年目も徹底的に鍛えた結果、それで潰れてプロに行けなくても、そこまでの投手だったと考えたほうがいい。

若手が目立つ数字を残したら、その力を引き出してくれた練習を継続し、翌年も同じように投げていくべきである。

そのまま数字を積み重ねていければいいが、相手に研究されて打ち込まれたり、勝ち星に恵まれなかったり、メンタル面で壁にぶつかったりすることもあるはずだ。ただ、何かを変えてみようかと考えるのは、やられてからでいい。

「同じことを続けても通用しない」と、やられる前に自ら手を打つ必要はない。

プロでも、ドラフト下位指名で入団し、あまり注目されなかった投手が、ローテーションの谷間で先発させたら首尾よく初勝利を挙げ、そのまま10勝するようなケースがある。しかも、ストレートは１４０キロ出るか出ないかなのだが、コントロールがよく、１００キロ台のチェンジアップに相手打線は手を焼いた。

翌年はいくつ勝てるだろうと楽しみに見ていると、やや豊かになった体格から投げ込むストレートが１４０キロ台中盤になっている。変化球もチェンジアップだけでなく、スライダーも投げるようになっている。

「遅いストレートと、もっと遅いチェンジアップで勝てたのに、その武器を捨てるのか」

少しでも速いストレートを投げたいというのは投手の性《さが》かもしれないが、自分の持ち味は何だったのかを考えてほしい――そう思っていた投手は案の定、勝てなくなって、2年、3年と試行錯誤を繰り返してしまう。3年ほどたって気づいても、どうすれば10勝できた自分に戻れるのかわからなくなっている。

こうした傾向は、チームの練習でも見られる。

野球の練習というのは、投手の投げ込みや野手のフリー打撃など、メインとなるもののやり方に大きな変化はない。

だが、ウォーミング・アップやトレーニング、あるいはティー打撃や守備練習では目新しい練習法を目にすることがある。

コーチがどこかのチームの練習を見てきて取り入れたり、監督が話を聞いてきたと試してみたりするのは悪くない。ただ、練習方法に関して言えば、なんでも新しいものに飛びつく必要はないだろう。

おそらく監督やコーチには、「他のチームと同じことをしていたら勝てない」という危機感が常にあるのだろう。それは、監督を務めた者として理解できる。

ただし、「同じことをしていたら」の「同じこと」とは、「他のチームとは違う練習をする」という意味ではなく、「他のチームより身になることに根気強く取り組むこと」だと考えている。

高校や大学までの野球は、同じ世代の選手で戦う。だから、素質に恵まれていると思われる選手を他のチームより多く集め、徹底した競争をさせれば、チーム力を高めることができる。

しかし、プロや社会人のように限られた人数の中で、しかも年齢に制限のない選手でチームを作るとなれば、なおさら基本的な練習を根気強く続けたほうが効果は上がる。

最近では、社会人でも専門のトレーニングコーチがいるのは珍しくないし、技術面でも外部から契約コーチや臨時コーチを招いたり、メンタル面をケアするスタッフまで抱えたりしているチームもある。

そうやって環境を整備するのはいいが、それならば他のチームを圧倒する成績を残していなければ費用対効果はよくないということになってしまう。そして、実際にはプロでも社会人でも、何年も続けて優勝するような黄金時代を築くチームはほとんどない。

社会人野球は、どこが優勝しても不思議ではない戦国時代だといわれている。

その理由は何か。企業チーム数が減り、地方のチームでも力のある選手を採用できるようになったこともあるだろう。だが、それほど設備に恵まれていない地方のチームと、プロ並みの環境を整えた都市圏のチームが対等に戦えるのは、実質的な練習内容に大きな差がないことを示しているのではないか。

つまり、自社グラウンドを持たずに近隣のグラウンドを借りるようなチームでも、基本的な練習には取り組むことができる。立派な室内練習場やウエイトトレーニング場がなければ、その分の時間を基本的な練習に充てられる。

一方、環境の整ったチームは、手を変え品を変え、さまざまな練習に取り組んではいるが、その分、段階を踏んでコツコツと力を付ける基本的な練習が疎かになっているのではないか。最近の都市対抗野球大会の試合内容を見ていると、どうしてもそうした疑問を抱かずにはいられない。

昔から、寒冷地の人間はよく働き、温暖な地域の人はのんびり屋が多いといわれる。

それは、寒冷地では自らの手で作物を育てなければ食料がなくなるが、温暖な地では自然に育ったものを採って食べればいいからということらしい。温暖な地を恵まれた環境のチームに置き換えると、妙に納得してしまう。

話が少し脱線したかもしれないが、言いたいことは理解していただけたのではないか。若い選手にとってもチームにとっても、大切なのはいかに基本的な練習に根気強く取り組むかということ。

まだ基本をコツコツと積み上げていかなければいけない時期に、「同じことをしていたらダメだ」と目新しいものに飛びつく必要はない。しっかりと土台になる力を付け、ある程度の力をコンスタントに発揮できるようになったら、それをできるだけ長く続けるための方法を探していけばいい。

やられる前に自ら手を打つな。やられる前に手を打つから、反対にやられてしまうのである。

自分の技術を向上させるためには

「守備は習え、バッティングは盗め」

現役時代の経験も踏まえて、自分の技術を向上させるためには、この姿勢が不可欠だと考えている。

周知の通り、私は入団直後に山内一弘監督の打撃指導を拒んだため――正確に書けば、山内さんの話す内容が難し過ぎて理解できなかったので、「自分で考えますから放っておいてください」と言った――バッティングの技術について自分自身で考えていかなければならなかった。

しかし、考えると言っても、プロに入りたての新人である。何をどう考えればいいのかもわからないから、練習中に先輩たちのバットスイングをじっと観察するしかなかった。そして、土肥健二さんを勝手に手本にして、柔らかな腕の使い方を身につけようとした。

一軍に定着した3年目からは、対戦相手の選手もいい教材となった。阪急で三番を打っていた加藤秀司さんは、中でも最高の技術を持っていた。加藤さんの現役時代を知る世代の人でも、加藤さんのイメージは広角に打ち分ける好打者ではないか。もちろん、そういう部分もあるのだが、私がロッテに入団した1979年は、打率3割6分4厘、35本塁打、104打点をマーク。首位打者と打点王の二冠に輝いた。本塁打も、37本でタイトルを手にしたチャーリー・マニエル（近鉄）と2本差。三冠王を狙えるスラッガーでもあったのだ。

当時の阪急は、初回に一番の福本豊さんが出塁すると、二盗と進塁打、あるいは犠打と三盗で、三番の加藤さんが打席に立つ時には一死三塁というケースが多かった。そこで加藤さんは、いとも簡単に犠飛を放つのだ。通算105犠飛は、野村克也さんの113に次いで歴代2位。王貞治さんが通算100犠飛と書けば、加藤さんのすごさをより理解してもらえるはずだ。

私はベンチに座りながら、加藤さんの打席を食い入るように見つめていた。

左打ちと右打ちという違いこそあれ、ボールのとらえ方、運び方など学ぶべき要素が多かったと思う。

こうした観察は、3度の三冠王を手にし、ベテランになってからも続けていた。

「これだけの成績を残せば、誰かの技術を参考にするようなことはないでしょう」そんな質問を何度か受けた記憶もあるが、高い実績を残したから学ぶことがなくなるわけではない。まだ実績のないファームの若手がバットを振っているのを見て、いいスイングだと感心させられたことは何度もある。

また、私がこういう昔話をすると、「やはり勉強熱心だったから大成できたんですね」と言われる。そのこと自体は否定しないが、当時は私に限らず、プロの世界に入った若手は、先輩の技術を盗もうという目を持っていた。

では、最近はどうなのだろう。

たとえば、先輩のバットスイングを参考にしたければ、目で見るだけでなく、録画してスローやコマ送りで再生したり、ここというポイントで静止画にしたりすることもできる。私たちの時代とは比べものにならないくらい技術向上のヒントになる資料は溢れているのに、それを生かしている若手はどれくらいいるのか。

なぜ、そんなことをボヤくのかといえば、働き盛りの選手の観察眼、あるいは技術を考える際の感性が今ひとつ磨かれていないと感じるからだ。そうなった理由のひとつに、練習の効率化が挙げられる。

昔はプロ野球のキャンプといっても、施設はグラウンドとサブグラウンドがあるくらいだった。雨が降れば体育館にネットを張ってティーバッティングをしたり、投手は球場の周りで走り込んだり、宿舎とグラウンドをランニングで行き来していた。

私が東芝府中に在籍していた頃、社会人で立派な室内練習場を持っていたチームはあっただろうか。せいぜい2〜3人が投げられる室内ブルペンがあって、打者もそのスペースを使って打撃練習をしていたように思う。

それが今では、高校でも強豪と呼ばれるチームになると、立派なグラウンドに室内練習場も併設しているのが珍しくない。そうした環境の進歩は決して悪いことだとは思わない。ただ、それによって選手が揃って行なう練習は限られるようになっている。

たとえば、キャンプの練習では初めのランニングこそ全員で走るものの、キャッチボールになれば投手と野手は分かれ、あとは投内連係など投手を含めた守備練習くらいしか全員が揃う場面はないのではないか。それは、投手も野手も効率的に練習できるメリットがある半面、投手が野手の練習を見る、野手が投手の練習を見るという機会を大幅に減らしているというデメリットもある。

体を動かして技術を磨くのが練習なら、先輩やレギュラーの動きをしっかり観察し、自分が採り入れるべきものはないかと考えるのも大切な練習だ。その時間があまりに少ないと、他の選手の練習から学ぶという感性が養われない。スローイングに難を抱えている野手が目立つのは、正しいキャッチボールをしていないからだ。

野手であっても、普段からキャッチボールの際には、投手と同じように1球ごとにボールの握りをしっかりと確かめ、腕の振り方も基本に則って繰り返す。何か上手くいかないことがあれば、先輩や投手にアドバイスをもらいながら、まず正しいスローイングを身につけなければいけない。

中日のゼネラル・マネージャーを務めていた時は、試合を中心にアマチュア選手を視察して回っていた。3試合の日は、朝8時過ぎから夕方6時頃までずっとグラウンドを観ていたので、「よく見ていますね」などと声をかけられた。

私に言わせれば当たり前のことで、普段の練習をあまり見ていなくても、試合前のキャッチボールやシートノックを見ることで、どんな練習をしているかは見当がつくのだ。あえて書けば、試合前のキャッチボールは見ていられないほどのレベルだと感じていた。当然、普段からキャッチボールに対する意識は高くないのだろうと想像できる。時折、「彼はなかなかのキャッチボールをしているな」と感じる選手を見つけると、たいがいはドラフト指名されていたという印象だ。

他の選手の練習を見るという習慣は、投手なら打者の心理、打者なら投手の心理を理解することにもつながる。打撃投手をしている時、その気になれば、「やはりアウトコースのボールは、長打コースには飛びにくいな」とか、「インコースを、腕をたたんで打ち返すには、技術が必要なんだな」ということがわかる。それはつまり、打者が嫌がる攻め方を考えるのに大いに役立つだろう。

だからこそ、練習環境が整備されても、投手と野手が互いの動きを観察できる時間は設けておきたい。

また、最近はベンチの最前列の選手が、防球柵に両腕を乗せ、電線の上の鳥のように並ぶ光景をよく目にする。

メジャー・リーグのスタイルを真似て始まったのだろう。ただ、メジャー球団のベンチはグラウンドよりも低い位置にあり、ベンチは壁側にしかないから、最前列では立っていないと戦況を見渡せない。日本でも、千葉マリンスタジアム（現・ZOZOマリンスタジアム）やマツダスタジアム広島はそういう造りになっているが、そうでなくても最前列の選手は同じような姿勢で試合を見ている。

そして、ホームランを打って戻ってきた選手を出迎えるだけでなく、犠打や進塁打を決めた選手にまでタッチをするなど、何だか賑やかな雰囲気になっている。プロ野球がそうなれば、だいたい社会人の選手も真似をするから、都市対抗のベンチもそういう感じだ。そんなスタイルについては、今時の流行と考えてもいい。

問題は、それで自分たちが戦っている試合をしっかり観察できているのかだ。最前列で、1球ごとに元気よく大きな声を出すのが、試合に集中しているということではない。ただ見ているのではなく、なぜそうなるのか、次の局面ではどうすればいいのか、あの技術は自分でも採り入れてみたい、という視点で観察しているのかが重要だ。

技術面では、「練習でできないことは試合ではできない」と言えば理解してもらえる。だが、試合で他の選手を見る目は、「練習の時から養わなければいけない」と説いても、どれくらいの人が頷いてくれるだろう。自分の体を正しく使う技術を身につけるのが練習なら、試合を見る目を養うのも練習からだと理解してもらいたい。

そして、試合では相手投手のクセを見抜こうとするのもいいが、まず自分ならどうするかを考えたり、対戦相手の選手からも、いいものを盗む目を持ったりしてもらいたい。

技術の世界は、自分ができないこと、知らないことは聞いた者勝ちである。

その際、誰に聞くか、誰から盗むかも重要だ。そうした目を養うのも練習だと、プロを目指す選手は、特に肝に銘じてもらいたい。

一芸に秀でたければオタクを目指そう

野球で大成したければ、あるいはプロ入りに近づくためには、投げる、打つ、走る——どんな分野でもいいから一芸を磨けといわれる。

私も監督を務めている時、バカがつくほどの強肩、当たれば大きい長打力、陸上競技の選手並みの走力を備えた選手がいれば、その能力だけでドラフト指名してもいいと考えていた。

もちろん、その飛び抜けた能力だけでプロ野球選手として大成できるかといえば、そんなに簡単なことではない。しかし、持って生まれたという部分が大きい身体能力は、誰もが備えているわけではないという点で一芸になる。

同じように、たゆまぬ努力で身につけられた針の穴を通すような制球力、どんな打球にも対応できる守備力なども、磨けば磨くほど、誰にもない一芸になる。

では、そうした一芸はどうすれば身につけられるのか。

あえてこの言葉を使うが、「オタクになること」である。

野球で大成したいのなら、野球オタクになることだと思う。

特に、時代の流れや最近の若者の気質を考慮すれば、オタクという表現がしっくりくる。

オタクという言葉が誕生したのは、1970年代なのだという。漫画やアニメなど大衆文化の愛好家が、互いを名前ではなく「お宅」と呼び合ったことが語源となっており、私が知った頃は、いい大人なのに漫画やアニメを見ている人、漫画やアニメばかりに夢中になっている人を揶揄《やゆ》する意味合いがあったと思う。

だが、漫画やアニメが海外に進出し、日本の文化として定着するようになると、オタクのニュアンスも変化していく。外国人が、漫画やアニメに詳しい日本人を「漫画オタク」と、あえて日本語で呼ぶなど、オタクという言葉には、その分野に極めて詳しい人という、尊敬が込められるようになったと感じる。

「あなたは漫画オタクなんですね」

「いや、まだオタクと言えるほど詳しいわけではないんです」

最近では、そんなやり取りが交わされるように、オタクはエキスパートの意味でもとらえられている。

さて、そんなオタクの歴史に対して、野球はどうか。

私が子供の頃は、放課後は日が暮れるまで三角ベースを楽しんだ。

ボールの投げ方やバットスイングは、この遊びの中で何度も繰り返して覚えたものだ。雪に閉ざされる冬場には、こたつに入るとみかんを手にし、それを天井に向かって放り投げる。ギリギリで天井にぶつからないように投げたり、みかんが傷つかないように柔らかく捕ったりした。

この感覚が、トスやスナップスローのセンスとして生かされた。

そうやって、多くの人が子供の頃から野球の動きに通じる感覚を、日常生活や遊びの中で自然に身につけていた。しかも、今ほど物も情報もない時代だ。テレビやラジオでプロ野球中継が始まれば食い入るように見聞きし、雑誌に掲載される人気選手の写真を見てフォームを真似した。

ちなみに、私が初めてプロ野球を観戦したのは、小学校高学年の頃だったと思う。

確か、兄に付き添われて夜行列車で上京し、後楽園球場に足を運んだ。巨人とどこの対戦だったか、どんな試合展開だったのかは一切覚えていないのだが、晴天だったにもかかわらず、西の空が夕立前のように黒ずんでいたのをはっきり記憶している。あとになって、その空の下が京浜工業地帯だと知った。

また、中学生の時に野球専門誌で打者の分解写真を見ていると、ベーブ・ルースと川上哲治さんだけが、フォロースルーの段階で踏み出した右足のつま先が跳ね上がっているのを発見した。

これもあとになって、強く大きなスイングをするには、川上さんのように踏み出した足のつま先を上げなければ、スイングの力を逃がす場所がなくなるのだと理解した。

こうして、私は誰に強制されることもなく、好きな野球に自分のペースで触れ、取り組んできた。そして、プロ入りした瞬間から、野球は自分の仕事だという意識になり、24時間365日を野球で回していく生活になった。

それを苦痛だと感じたことはないし、どこかで野球を忘れる時間を作らなければいけないと考えることもなかった。

自然とほかの選手の動きに目が行き、「あれはどういう体の使い方なのだろう」と思えば、その選手か、その体の使い方を理解している人に聞いた。当時のプロ野球界は指導者や先輩が親切に後輩に教えてくれるという時代ではなかったから、知らないことは拝み倒してでも聞いた。

私の人生を振り返れば、子供の頃の遊びは、ほかにやることがないから野球。高校や大学の野球部はやめたが、それでも東芝府中に就職したのは野球ができるから。その野球を認められてプロ入りし、現役を退いても監督、評論家として野球にかかわっている。その中である程度の実績を残すことができたのは、誰よりも野球を考えたから。それを今では、野球オタクと呼ぶのだろう。

野球オタクといえば、記録、カードやグッズの収集などが思い浮かぶが、私の場合はプレーオタクとでも言えばいいのか。現代の指導者の中にも、寝ても覚めても野球という人はたくさんいるはずだ。それを仕事ともいうが、オタクと表現しても間違いではないだろう。

最近の若い選手はどうか。少子化などに伴って、野球人口の減少が話題に上ることもあるが、私たちの時代と比較しても体格に恵まれている選手は増えているし、何より用具やスポーツ医学の進歩により、プレーする環境は格段によくなっている。

そうした体格や環境を生かして、とことん野球に取り組んでいるか。練習を終えて寮の部屋に戻っても、プロ野球中継を観たり、野球のことを考えたりしているか。チームメイトと野球の話をしているか。

子供の頃から野球をやってきた人たちには言わずもがなだと思うが、野球が上手くなりたいのなら、体を動かす練習だけではなく、頭で野球を学ぶことも必要だ。

プロ野球中継を観たり野球関連の本を読んだりすれば、何か上達のヒントになることはあるだろうし、チームメイトと野球の話をすれば思わぬ気づきがあるかもしれない。練習以外の時間は自室にこもり、スマートフォンをいじったり、ゲームをしたりしていても野球は上手くならない。百歩譲って、オンとオフはしっかり切り替えたいと、プライベートな時間は野球を忘れたいのなら、それでもいい。その分、ユニフォームを着ている時間には、誰よりも野球を学ぼうとしているだろうか。

たとえば、ストレートはスピードもキレもそこそこ投げられるようになった。あとは落ちる変化球をひとつでも覚えれば先発を任せてもらえるという段階まで成長したが、どうしても落ちる変化球を身につけられない。

あるいは、バッティングではレギュラークラスだといわれているものの、スローイングが安定せず、どうしても内野のレギュラーとしては使ってもらえない。

そうした現状を打ち破るために、がむしゃらになって練習に取り組んでいるか。

コーチにアドバイスされた練習方法で半年間やってみた。だが、なかなか成果は見られない。その先も根気強く同じ練習に取り組むか、何か違う練習方法にトライしてみるかは考えどころだが、「コーチの言う通りにやってみたけれどダメだった」とあきらめてしまったら終わりだ。

技術事は、誰かにアドバイスを受ける、それを試してみる、成果が上がらないからやめる。この流れを時間の無駄だととらえてはいけない。

そのやり方は自分には合わないということを知っただけでも収穫だし、ならば違ったアプローチをしてみようというヒントにもなる。

そうして試行錯誤を繰り返し、これだという練習法に出合うことで、落ちる変化球を身につけられたり、安定したスローイングをできるようになったりするものだ。

いくつ失敗を重ねたとしても、最終的に成功する方法がわかったほうがいいだろう。アドバイスを受けて試せば何でも身につくのなら、世の中は成功者ばかりになってしまう。成功する人間とは、素質に恵まれていたり、センスに溢れたりしているわけではない。何度失敗しても、「俺には野球しかないんだ」とあれこれ考え続け、時間をかけて成長してきた執念深い人間だ。それが個性的な投球フォーム、打撃フォームなのである。

それを理解し、野球についてあれこれ考えることが楽しいという人間、すなわち野球オタクになることが、自分の目標に近づく大切な第一歩になるのではないかと思っている。

かつて日本の社会は、クイズ番組で優勝するような、浅くても広い知識を持つ人がもてはやされた。しかし、時代の流れとともに、狭い範囲で何かひとつのことを探求している人の存在価値がクローズアップされ、彼らの活躍の場が増えている。企業でも、そうした人材が求められるようになってきたと聞く。

私が定義するオタクとは「他の人が気づかないことに気づける人」だ。

野球オタクこそ、自分を大成させる原動力になる。

一石二鳥の練習はあるか

練習とは、ひとつの技術を何とか身につけようと、根気強く継続的に取り組むものだ。「この練習をすれば、あれもこれも身につけられる」と欲張ったり、一石二鳥の練習方法を探したりするのはご法度といわれる。

アマチュアの指導者は、練習からライバルのチームに差をつけるやり方はないかと模索している。ウエイトをはじめとする科学的トレーニングでもさまざまな方法が示され、もう新しいやり方はないのではないかと思えるほどユニークな練習方法がある。ユニークなだけならいいが、間違ったやり方を目にしてしまうと、情報の進歩も、すべてをよしとはできないものだと実感する。

ただ、基本的な練習なのに、相乗効果で副産物を生み出すものはある。

前著『落合博満 アドバイス』でも触れたのだが、無死一、二塁の際のバント処理がそれだ。

無死一、二塁のケースで攻撃側が送りバントを選択するのは、先制点が欲しい、1～2点を追いつきたい、勝ち越しのチャンスを広げたいために一死二、三塁の形を作りたい場面だ。それが試合の終盤になればなるほど、送りバントを成功させられるか否かのウエイトは重くなる。

対して、守備側は一死二、三塁にされればピンチが広がる、すなわち失点する確率が高くなるから、まずバッテリーは簡単にバントをさせないように配球する。そして、1点が勝負を分ける局面になれば、バントをされても二塁走者を三塁で封殺できるよう、一塁手を前進させるなどバントシフトを敷く。

春季キャンプにおける投手を含めた連係プレーでは、二塁走者を三塁で封殺する目的で反復練習することが多い。ここで私は、一塁走者を二塁で封殺し、あわよくば打者走者と併殺に打ち取る練習を提案した。実際、私が若かった頃のロッテでは、この連係プレーを練習していた。

この練習に取り組む根拠はある。

一般的に無死一、二塁における一塁走者は、ライナー性の打球で飛び出さないことに留意しながら、基本的には二塁走者に合わせて動く。送りバントのサインが出れば、二塁走者は何とか三塁を奪えるようにリードオフを大きくし、打球判断も研ぎ澄ませるが、一塁走者は慎重な姿勢で二塁走者の動きに合わせる。ゆえに、二塁走者に比べればスタートも遅れるし、守備側が二塁封殺を狙ってくるとはあまり考えない。

その一塁走者の慎重さを逆手に取れば、二塁で封殺するのは現実的だろう。また、守備側とすれば、二塁走者を三塁で封殺し、一死一、二塁にできれば100点満点の守備、バント成功で一死二、三塁にされれば0点ということになる。

だが、得点差などを考えれば、100点か0点かというリスクを負うよりも、50点を取ることもできる。それが、二塁を封殺して一死一、三塁の形にすることだ。

2点をリードした9回裏の守りとしよう。

一死二、三塁にされれば一打同点だから、そのまま逃げ切りたいなら外野手を前進させなければならない。そこで後続の打者に大きなフライを打たれたら、通常の守備位置なら犠飛の1失点ですむところ、同点されてなお一死二塁か三塁と、逆転のピンチも背負うことになる。

しかし、一死一、三塁なら、一塁走者を生還させなければ1点のリードを守れるのだから、外野手を前進させることはなく、大きなフライを打たれても犠飛の1失点で二死一塁。逃げ切れる確率はうんと高くなる。

「同点まではいい」と外野手を前進させなくても、一死二、三塁ならシングルヒットで同点にされるが、一死一、三塁なら1失点でなお一死一、二塁。やはり逃げ切る道はある。こうして丁寧に状況を説明すればば理解してもらえるはずだが、二、三塁と一、三塁では、攻撃側が同点に追いつける確率はかなり違ってくる。それは、1点差、同点のケースでも同様だ。

さらに深く考えてみる。

同点にされる確率が違えば、守備側が受けるプレッシャーも大いに変わる。それは当然、バッテリーの配球にも影響する。シングルヒットで同点にされるのと、「シングルヒットなら、まだ1点リードがある」と受け止めるのでは、捕手が考える配球も、投手の心理も変わる。この局面の勝負では、少しでもバッテリーの心理に余裕があるほうがいい。

もうひとつの大きなメリットは、一、三塁の場合は、内野ゴロを打たせれば併殺で切り抜けられる。打ち取った当たりではなく、ヒット性の打球でも内野手の正面に飛べば併殺にできる。さらに言えば、その「併殺もありうる」という状況が、相手の打者にプレッシャーを与えることにもなる。

「ここで1本打てば俺がヒーローになる」と意気込んで打席に入られるのと、「ゲッツーだけは避けなければ」と思わせるのでは、心理的な勝負で大きな違いがあるのは言わずもがなだ。

ましてや、無死一、二塁での送りバントは、前進してきた一塁手や投手に打球を処理されると三塁で封殺される確率が高くなるため、「三塁側に強めに転がし、三塁手に捕らせる」のがよしとされる。だから、三塁手は緩めのゴロと考えて処理すればいい。一塁手を前進させて三塁側を狙わせ、ダッシュで前進した三塁手から、二塁ベースカバーの遊撃手、一塁ベースカバーの二塁手に転送して併殺を狙うサインプレーも、私は現役時代にかなり練習した。端から三塁封殺を狙わず、無死一、二塁を二死三塁にする連係である。

そこまでのサインプレーはしなくても、二塁を封殺して一死一、三塁にするだけでも、失点の確率はかなり低くすることができる。

そして、そうした連係プレーを紅白戦やオープン戦で完成させれば、バッテリーも心理的に余裕を持てることが実感できるはずだ。

こうした練習に取り組めば、実戦は100点か0点かというプレーだけで成立しているのではなく、その間に80点、50点、30点という状況もあることが理解できる。

100点の守備で、攻撃側のチャンスを潰すことができれば言うことはない。

しかし、一歩間違えば0点、三塁を封殺しようと悪送球してしまうなどマイナスの点になってしまうリスクも考慮すれば、50点の守備からピンチを切り抜けることもできるのだと頭に入れておくのも大切だろう。

そうやって、無闇にリスクを冒さない、無理をせずにピンチを切り抜ける術《すべ》を学ぶには、この無死一、二塁のバント処理練習は絶好の教材といえる。

私が無死一、二塁のバント処理練習を例に挙げたのは、すでに導入されている延長タイブレークが、社会人や大学では２０１８年から国際ルールに合わせて無死一、二塁からになったからだ。

タイブレークの是非はともかく、全国レベルの大会の勝敗を最終的にはタイブレークで決める以上、どうすれば優位に運べるのか考え、無死一、二塁における失点の防ぎ方として提案した。興味を持っていただければ幸いだ。

好奇心は自分を成長させ、感性を豊かにする

「仕事が趣味のようになっている人、趣味が仕事になってしまった人は幸せだ」という人がいる。

そんな人には、私の野球も仕事と趣味を兼ねていると映るようだが、私にとって野球はあくまで仕事であり、好きとか嫌いとか、趣味のようだとは考えたこともない。

もっと言えば、私は趣味と呼べるものを持ったことがない。

プライベートな時間をどう過ごしているかと聞かれれば、若い頃から映画を鑑賞していることが多いだろうか。

映画関係者に言わせれば、私の映画の知識はなかなかのものだそうだ。

振り返ってみると、両親や兄に手を引かれ、まだ入場料を取られない年齢から東映のチャンバラ映画を観ていたのだから、鑑賞した本数は半端ではない。

それだけ映画を観ていると、新作の中にも「どこかで見たことがあるな」という場面を見つけたりする。過去の名作、尊敬する監督の作品にあるシーンや演出を、あえてその作品を想起させるように挿入することをオマージュと呼ぶ。音楽や絵画など、芸術の分野ではしばしば見られる手法だ。

映画監督がオマージュだと意識していなくても、名作のシーンが記憶のどこかに残り、それと似たようなシーンを描くことも含めれば、「どこかで見たようなシーン」は無数に存在するのかもしれない。そうやって、名シーン、名演出といったものは、時がたっても受け継がれていくのだろう。

では、野球の技術や采配はどうか。

こちらは、映画のシーンのように取り入れようと思っただけでできるものではないが、「あの選手はどうして右方向に打ち返すのが上手いのだろう」とか、「あの監督の投手交代はタイミングが絶妙だ」という視点で見ている選手、指導者はどれくらいいるだろう。

芸術でもスポーツでも、自分を成長させ、感性を豊かにしてくれるのは好奇心だと思う。

私の現役時代は、他球団の選手と自主トレをしたり、シーズン中に食事をともにすることなどなかったから、話をする機会はほとんどない。だからこそ、特に若い頃は、実績を挙げている打者、自分が打ち込まなければいけない投手の動きは食い入るように見つめていた。その成果として代表的なものは、稲葉光雄さんとのエピソードだ。

1年目に36試合しか一軍でプレーできなかった私は、背水の決意で2年目を迎えた。だが、オープン戦でサードを守り、ファウルフライを追った際にレフトの得津高宏さんと衝突してしまい、左膝を痛めて開幕一軍を逃してしまう。

ようやく7月に昇格すると、ポンポンとホームランが出てスタメン出場が続く。だが、そこでオールスター戦が入り、1週間ほど休みになる。勢いに乗りかけていたので焦りも感じたが、なんとか後半戦も結果を残そうと迎えたのが阪急との3連戦。そして、第1戦の阪急の先発が稲葉さんだった。

ようやく自分のバッティングをつかみかけたという自信と、後半戦も結果を残せるのかという不安の中でスタメン出場した私は、投球練習の時から稲葉さんのフォームやボールをじっくり観察した。

すると、ストレートを投げる時とカーブを投げる時では、フォームが微妙に違うことに気づいた。カーブの時は、左肩がグッと持ち上がるのだ。私は投手のクセを見ることも分析することもしなかったが、そんな私にもはっきりと見えるクセだった。

打席に入っても、そのクセは明らかで、1打席目から2打席連続でホームランを放ち、3打席目も左中間フェンス直撃の二塁打。いずれも完璧な当たりだった。この3打席で私は認められたと言っても過言ではなく、野球人生の分岐点となった試合である。

稲葉さんのように全体の動きの中でどうしても出てしまうクセというのは、ほぼ100%信用できる。野球を始めた頃からの形というのは、箸の持ち方のように簡単に変えられるものではないからだ。当時のエース級の投手の何人かは、こうした独特のクセを持っていた。

その後、ロッテから中日に移籍した私は、中日で投手コーチになった稲葉さんと話す機会があった。そして、カーブを投げるクセを見破っていたと打ち明けた。

「知っていたよ」

稲葉さんの答えに驚いていると、チームメイトの捕手にも指摘されていたという。では、なぜ修正しなかったのかと尋ねると、大きな理由は2つあった。

稲葉さんのクセは、カーブを曲げようという心理的な面が体に作用するのが原因だった。だから、クセを直してしまうとカーブが曲がらなくなるのではないかと不安になる。それならば、クセがバレていても鋭いカーブを投げていたほうがいいという結論に達したそうだ。

「それに、俺のカーブをあんなに簡単に打ったのは、おまえくらいだった。けれど、他の打者は抑えていたからいいんだ。おまえだけと野球をやっているわけじゃないからな」

これが2つめの理由だった。もちろん、稲葉さんはカーブを私に打たれっ放しにはしなかった。翌年の対戦では、ストレートと同じフォームからスライダーを投げ込んできた。このスライダーには私も手こずり、攻略には時間を要したと思う。稲葉さんとの対戦成績は、24打数10安打の打率4割1分7厘だった。

私が若かった頃、プロの投手と打者は、こうした〝いたちごっこ〟を繰り返しながら、互いに育て合っていた。その勝負で勝ち残っていくためには、他の選手のプレーを「どうやっているのだろう」という好奇心を持って観察し、いいものは採り入れるという姿勢が必要だった。

また、稲葉さんの考え方は、監督になってからも大いに役立った。稲葉さんのようなクセを持った投手は、最近でもたくさんいる。さらに、録画機材の進化もあって、肉眼ではわからないようなクセまで明らかにされている。

そうした現状で、クセは修正しておいたほうがいいはずだとアドバイスする投手コーチは少なくない。場合によっては、指導者側からクセを修正するように命じることもあるはずだ。

しかし、クセを修正しようとして、肝心な自分のフォームを崩してしまった投手も私は見てきた。クセは直せばいいというわけではないのだ。そのいい見本が稲葉さんであり、投手コーチとしての稲葉さんも、クセを見て修正すべきかどうかを考えながらアドバイスしていた。

技術の世界では、マイナスとマイナスが掛け合わされてプラスに転じるのは珍しいことではない。指導者ならば、そうした勉強もしておかなければならない。

さて、好奇心を抱き、知りたいと思う対象は人それぞれなのだろうが、勝負の世界にいる以上、自分の仕事に役立つ物事については関心を持ちたい。

そうして、関心のあることに対してはとことん追求したい。

高い実績を残している選手の物真似だろうと、それで自分も目立つ成績を残せばいいのだ。「オマージュは認められるが、盗作は厳禁」の芸術の世界とは異なり、野球界は上手く盗んだ者が生き残る。野球の技術や戦術には、著作権はないのだから。

控え選手とはどう接すればいいのか

2010年のペナントレースは、開幕直後から巨人がリードする展開だった。それを阪神と中日が追いかけ、8月に入ると巨人と阪神が目まぐるしく首位を奪い合う。中日は6月下旬に首位と8ゲーム差まで離されたが、7月に7連勝して4ゲーム差まで縮め、8月にも7連勝して優勝争いに加わる。

8月31日からナゴヤドームに広島を迎えた3連戦は、その時点で広島には6連勝していたこともあり、あわよくば3連勝をしておきたかった。8月31日はチェン・ウェインが7回を2失点の好投で9対3と大勝し、9月1日の2戦目を迎える。広島の先発は前田健太(現・ロサンゼルス・ドジャース)だった。

中日の打線は、前田の力投の前に6回までわずか1安打で、先発の山井大介が2回に味方の失策もあって1点を失うと、試合は0対1のまま終盤に入る。7回裏に二死からの連打でチャンスを築き、私は野本圭を代打に送るが、前田健も踏ん張って三振に打ち取られる。

続く8回裏も先頭の谷繁元信が中前安打で無死一塁にすると、堂上直倫に代えて岩﨑達郎を代打に起用した。

岩﨑達に送りバントさせ、山井にも代打を送る作戦である。堂上直はバントができないわけではない。ただ、広島バッテリーも簡単にバントを決められたくはないだろうし、一塁走者の谷繁も決して足が速いとはいえない。

緊張感のある場面で、好投手からしっかりしたバントを決められ、万が一のケースでも併殺は避けられるよう、念には念を入れて堂上直を岩﨑達に代えた。もちろん、9回表は岩﨑達にそのまま二塁の守りを任せるつもりだ。

しかし、岩﨑達はバントをファウルにした挙げ句、三振に倒れてしまう。

それでも、二死から荒木雅博がレフトへ二塁打を放ち、何とか同点にすることはできた。9回からは浅尾拓也が山井をリリーフし、前田健も9回までを1失点に凌《しの》いで延長に突入した。

10回表も浅尾が三者凡退に抑え、その裏は代打からライトに入っている野本が先頭だ。野本は中前に弾き返し、谷繁が送って一死二塁。打順は岩﨑達に回ってきた。岩﨑達は送りバントや進塁打が求められる場面での代打や守備固めが主な役割で、一死二塁のチャンス、しかもサヨナラ勝ちを決められるかという場面で打席に立つような経験はあまりない。

ただ、最悪でも延長12回で引き分けに持ち込むなら、しっかりした守備力の岩﨑達を代えることはできない。ましてや、広島も左腕の大島崇行を二番手に投入しているから、左打ちの堂上剛裕らを代打に起用して勝負する局面でもないだろう。そうした経緯で、岩﨑達をそのまま打席に送る。

岩﨑達にとっては、年に何度あるかというバットに期待される場面だ。

すると、思い切ったスイングで左中間スタンドにサヨナラ2ラン本塁打を叩き込んだのである。これは、プロ入り4年目の初本塁打だったが、前の打席でバントを失敗したからなのか、派手なガッツポーズをすることもなく、むしろ申し訳なさそうに、ホームにできた歓喜の輪の中に入っていった。

結果的に、この年は阪神、巨人に1ゲーム差でリーグ優勝できたのだから、岩﨑達の一発は大きな価値があったと言っていい。

さて、このように選手が大きなミスを目の覚めるような活躍で取り返した時、監督はどんな言葉をかけるのかと、よく聞かれる。

要するに、結果的にヒーローになったことをほめてやるのか、あくまでバントの失敗を注意しておくかということだろう。

この時、あるいは同じようなことがあっても、私は選手に声はかけない。

なぜなら、私やコーチに言われるまでもなく、岩﨑達自身がサヨナラ本塁打はともかく、バントを決められなかったことを反省し、試合後か翌日の早出でバント練習をしているはずだからだ。

たとえばアマチュアでは、個々の選手に自分の役割を自覚させ、それに徹することでチーム力を高めようとする指導法があるだろう。エースや四番打者には精神面でのタフさ、勝負強さを求める一方、八番セカンドなどという脇役については、攻守に堅実さを追求させる。

それはいいが、その八番打者が本塁打を放つと、「おまえにそういう仕事は求めていない。もっとコンパクトにバットを振れ」などと言ってしまう指導者もいるという。だが、堅実な仕事を求められている脇役が、本塁打を放つことの何がいけないのだろう。

本塁打というのは、理に適ったスイングをしなければ打てるものではない。むしろ、本塁打のイメージを大切に練習すれば、しっかりとしたスイングを身につけられるかもしれない。そうした可能性の有無を見てやったほうがいい。

また、選手というのは、どんな役割を与えられ、それを意識しながら練習を重ねても、試合になれば夢中になってプレーする。

先の場面の岩﨑達だって、8回裏は自分のバント失敗でチャンスを広げられず、0対1で負けていたかもしれない。それを荒木のタイムリーで同点に追いつき、10回裏のチャンスで打席が巡ってきたのだ。

「ここで打てばミスが帳消しになる」などと考える余裕もなく、ただ必死にバットを振った結果がサヨナラ本塁打になった。勝ったからというわけではなく、本塁打という最高の結果を残した打席に関しては、それでいいのではないか。

それでも、岩﨑達本人は本来の自分の役割を考え、相手にバントシフトを敷かれるような場面でもしっかり決められるよう、すぐに練習に取り組んでいる。

そこでは、監督やコーチが、本塁打をほめることもバント失敗を責めることも必要ない。バントのやり方について気づいたことがあれば、担当コーチがアドバイスすればいい。

岩﨑達と私の関係で言えば、何年も先に、互いにユニフォームを脱いでどこかで話す機会があった時、「あの時はよくホームランを打てたよな」と振り返ることなのだろう。実際、岩﨑達は2017年限りで11年間の現役生活を終えたが、プロ野球人生で唯一の本塁打だったのだから。

控え選手というのは、レギュラーと比較して走攻守のいずれかで力が不足しているから控えに甘んじているものだ。ただ、走らせればチーム一、あるいは守ることならレギュラークラスという選手もいる。

そうした選手には「バッティングを磨いてレギュラーを狙え」と漠然とした指導をするよりも、「足を武器にして、まずは一軍に定着しろ」と身近な目標を示し、スーパーサブに作り上げるのが、チームにとっても得策だろう。

そして、レギュラーの故障や不調をきっかけにレギュラーを奪い取るか、一芸を生かしてスーパーサブとして生きていくか考えさせればいい。

そうすれば、レギュラーに万が一のことがあっても、代わりに起用される選手もレギュラーに匹敵する仕事ができる〝層の厚い〟チームになる。

最後に、岩﨑達のような一芸に秀でた控え選手を起用する際、監督が忘れてはいけないのは、レギュラーでも結果を出すのが難しい場面で起用しているということだ。

先に書いたバント失敗の場面は、レギュラーでもきっちりバントを決めることはなかなかできない。

「おまえには、こういう場面で仕事をしてほしいと考えているのに……」

そう思ってしまう気持ちはわかるが、それを口にしてしまったら、選手も内心で「それなら自分でやってみろ」と思うだろう。

反対に、途中で起用した選手が期待通りの働きを見せてくれたとしても、手放しでほめてやる必要はない。

「おまえなら、やって当然だよな」という視線を向ければ、選手もいっそう、自分の役割に徹し、仕事の精度を高めようとしてくれる。監督と控え選手の関係は、それでいいのではないか。

野球において、しっかりしたレギュラーが揃っているチームは魅力がある。それと同じくらい、誰が出ても同じように安定したプレーをするチームとは、あまり対戦したくないものだ。

「時代遅れ」にあえて耳を傾ける

知人からおもしろい話を聞いた。

スマートフォンの機種変更で店を訪ね、店員に「AとBの機種はどこが違うのか」と聞いたところ、「Aのほうがカメラの性能がよくなっています」と言われたそうだ。電話機なのにカメラの性能を説明されるとは、私のような世代の人間にとっては、もうついていけない進化である。

その知人によれば、スマートフォンのタッチパネルは手袋をした指では反応しない（そのための手袋モードがある機種もあるそうだが）ので、昔の携帯電話のようにボタンを押すほうがいいということだ。

スマートフォンは短いサイクルでどんどん性能が向上しているようだが、その機能を必要としない人、使いこなせない人にとっては、昔のシンプルな形のほうがいいという場合もある。そうやって、何事も時代とともに進化していくものの、昔のものが見直されるというケースはいくつもあるだろう。

野球界でも、そんなことを感じる場面がある。

日本人には右利きが多いゆえ、俊足の野手は左打ちの練習をさせられ、スイッチヒッターが激増した時代があった。その傾向はアマチュアにも影響し、プロでプレーしたい選手は右投げ左打ちになっていく。

その時代が続くと、右投げ左打ちの野手が占める割合は高くなり、今度は右打ちの野手が求められるようになる。しかし、アマチュアには右投げ左打ちが溢れていて、スカウトは右打ちの野手を探すのに苦労する。同じように、アンダーハンドの投手にも、希少価値といわれる時代と、どのチームにもひとりはいたという時代があった。

これは、技術指導にも当てはまる。

私は、バッティングの基本の基本は「ボールを両目でよく見ること」だと考えている。これは現役時代から変わらぬ考えなのだが、1998年に引退した直後、バッティング上達のコツを尋ねられてそう答えると、こう受け取られることが多かった。

「そんな誰でも知っているようなことしか言わないのか。子供じゃあるまいし、バカにしているのか」

私はいたって真面目に、親切に言ったつもりなのだが、そう受け取られてしまうことがあった。ところが、最近は受け取られ方がまったく違う。

「やっぱりバッティングの基本は、ボールをよく見ることなんだ。落合が言うのだから間違いないだろう」

この20年間で、野球の現場には技術からトレーニングに至るまで科学的な分析データが入り込んだ。打球の角度、投球の回転数なども容易にわかるようになり、そうした分析データに基づいて理想的なフォームを弾き出すこともできるらしい。

高校でも強豪校になれば、そんな最先端といわれる分析データを用いた指導を受けるので、投げる、打つという技術以上に科学的な理屈を頭に入れている若手選手は少なくない。その傾向は決して悪いことではないと思うが、いくら詳細なデータを与えられても、それを自分で消化し、仕事に役立てることができなければ意味がない。

昔から、勉強が苦手な人は、机に向かって教科書を広げただけでやった気になってしまうといわれるが、データをどう生かすかも同じだろう。

できることなら、与えられたデータをどう見るかではなく、技術面でも戦い方でも自分が知りたいテーマを見つけ、まずは自分の目で観察し、もっと知りたいことがあればスコアラーの手も借りるような姿勢でありたい。そして、「野球を見る目」を養ってほしい。

野球の技術に関する理論めいたものがあちらこちらに溢れてくると、自分はどれを実践すればいいのか判断できなくなっている選手も多いのだろう。その結果、「ボールをよく見て」というシンプルな表現が、若い世代には新鮮に聞こえるようだ。

昨年末、あるテレビ番組にゲストで呼ばれ、２００７年の日本シリーズ第5戦で、8回までひとりも走者を許していない山井大介を、完全試合目前の9回に交代させた采配について話してほしいと言われた。「何を今さら」と思ったが、何度も話している交代の理由を話すと、その番組を観覧していた人たちから驚きの声が上がった。

後になってよく考えてみると、その番組を観覧していたのは20歳前後の若者が多かった。

07年の日本シリーズは、私にとっては昨日のことのような出来事だ。しかし、20歳前後の若者は当時まだ小学生で、その試合を観ていなかったり、山井の交代にまつわる報道も知らなかったりするというのだ。私には語り尽くしたと思えることでも、若い世代は大人になってようやく知る。そうやって、ある周期でクローズアップされたり、忘れられたりということもあるのだろう。

さて、その番組で、阪神の藤浪晋太郎はどうすれば復調するかと聞かれた。方法はいくつかあるだろうが、私は投手板の三塁側を踏んだらどうかと提案した。

藤浪のフォームは、左足をややクロスして踏み出す。このフォームだと、どうしても右腕を引っ張り込むようにしてストライクゾーンに投げ込もうとする。そして、すっぽ抜けたボールは右打者の体の近くに行ってしまい、抜けないように意識すると引っ掛けるように外角に外れる。それでコントロールが定まらなくなる。

そういう投手が投手板の一塁側を踏んでいると、対戦している打者を見る視界が広過ぎて「すっぽ抜けたらまたぶつけてしまう」と考えがちだ。ならば、投手板の三塁側を踏んで打者に向かう角度を変えれば、自分の視界も変わる。そこでどう投げればいいのか考えてみるのも改善のヒントになると考えたのだ。

私は投手が専門ではないから、あくまで体の使い方という理屈で考えたのであり、絶対に正しい改善法かどうかはやってみなければわからない。ただ、藤浪自身にそうした発想がなかったのなら、トライしてみる価値はあると思っている。

この発言をした時、スタジオにいる人たちは「なるほど」と感心し、そんな発想はどうすればできるのかという視聴者からの投書も多かったという。

だが、私に言わせれば、昔はこうした考え方は珍しくなく、そうやって投球フォームを改善した投手は何人もいる。時代とともに、この考え方が忘れ去られたこと、また昔の指導を知らない若い世代が私の発想を斬新だと受け止めたに過ぎないのだ。

私の世代は、通信機器といえば家庭の電話機しかなかった。ファクス、携帯電話、スマートフォンと通信機器が進化し、電子メールなどが出てきて、世の中は便利になったものだと感じながらも、そうした最先端の通信機器に頼らなくても生活していくことはできる。

だが、携帯電話が普及している時代に生まれた若者は、幼い頃から電子機器に頼った生活をしている。知人の電話番号も頭で記憶するのではなく、スマートフォンに記録してあり、その他の用途でもスマートフォンを頻繁に使うため、万が一スマートフォンをどこかで紛失すれば、生活自体が回らなくなってしまう。

同じ地球上に生きているのに、世代によって生活スタイルは異なり、子供の頃からの必需品も異なるため、自分が生まれ育った時代によって、養われている感性にも違いが出てくる。

ただ、私がロッテに入団してから2年間はなかなか一軍でプレーできず、ようやく3年目にきっかけをつかむことができたように、最近の若い世代も、野球でも仕事でも何かの壁にぶつかり、自分であれこれと改善法を試しても、どうしても乗り越えられないことがあるはずだ。

そんな時には、昔の人はどうしていたのかを聞いたり、調べてみたりするのも悪くない。

また、壁にぶつかった時は、いち早く乗り越えたいと特効薬を求めてしまいがちだが、野球の技術などは、どこかを変えれば劇的に改善されるというようなものではない。

それで自分の形（スタイル）を変えてしまうと、それでも成果を上げられなかった時に泥沼にはまってしまうだろう。

体調が優れないが、仕事は山のようにある。何とか体調だけでも回復させたいと薬局に足を運べば、何種類もの薬があり、どれを服用すればいいのかわからない。そこで、部長に打ち明けると「早く家に帰って寝ろ」と言われる。すると、翌朝には驚くほど元気になる。

あれこれ悩み、もう解決法はないのではないかと思えることでも、意外に簡単に乗り越えられてしまうことはあるものだ。そうした知恵は、やはり長く生きている人のほうが持っている。

とかく若者は、上司や先輩を「時代遅れだ」と感じることがあるだろう。

それでも、その時代に戻って考えるべきことがあることも知っておいてもらいたい。上司や先輩も使いようなのだ。

選手の不調、チームの苦境との向き合い方

強いチーム、思い描いた成果を上げられるチームとは、どういうものだろう。

私自身の経験から要点を挙げるなら、監督から選手、裏方のスタッフまでが自分の責任を全うしようと取り組み、自分の持ち場ではないことに口を挟まない集団になるだろうか。

野球用具は目覚ましい進歩を遂げている。というか、種類が増えた。

私の現役時代は、ヘルメットを被り、バッティンググラブという手袋をして（私はほとんどしなかったが）打席に立っていた。現在はさらに、死球から腕を守るエルボーガードや自打球から足を守るバッティングレガースも着ける選手が多い。

こうした用具の進歩は、不慮のケガから選手を守るために作られているのだが、私に言わせればメリットだけではないと感じている。

バッティンググレガースのなかった時代にプレーしていた私は、自打球が足に当たらないような打ち方を考え抜いた。エルボーガードもなかったから、体の近くに投げ込まれる速球から身を守る避け方も身につけていた。

ところが、最近の選手はそうしたケガ防止の用具を着けていることで、死球の避け方が下手になっているし、正しいスイングをすれば自打球が足に当たることはないという考え方もしない。

死球や自打球でケガを負い、試合を欠場することになっても、それは不慮の事故であり、自分に責任はないと思っている選手も少なくない。

グラウンドの上（仕事の最中）で起きたことは、大半が自己責任だという意識が薄れている。だから、監督を務めている時は、まず自己責任という意識を徹底して浸透させようとした。

そこで、バッティンググレガースの着用をチームのルールとした。

少しでもケガを防止できる用具があるのなら、それは身につけなさいということだ。

しかし、余計なものを装着すると違和感を覚えるという選手もいるから、着用するかしないかは、自分で判断することとした。

ただし、バッティンググレガースを着けずに、つまり、チームのルールを守らずにケガを負い、試合に出場できなくなった場合は、すぐに一軍登録を抹消し、ファームに送った。

西武から2008年に中日へフリーエージェントで移籍してきた和田一浩は、チームのルールを承知の上でバッティンググレガースをしなかった。そして、ある試合で自打球を足に当てた。打球の当たり方や和田の痛がる様子を見て、私は骨折していると確信した。

しかし、和田は何食わぬ顔をして試合に出場し続けている。おそらく、和田自身も骨折を疑ってはいるのだろうが、実際に病院で骨折だと診断されると気持ちが滅入ってしまう。それならば、我慢できるところまでプレーを続けようと考えたのだろう。

監督としては、骨折などが疑われる場合は、トレーナーに付き添ってもらって医師の診断を受けるようにと指導している。だが、レギュラーともなれば、「病院には行かない」とトレーナーを制して、プレーを続けるケースもある。

何日かたった試合後、たまたま風呂場で和田と出くわした。打球の当たった足を見ると、腫れ方が尋常ではなかったため、監督命令でレントゲンを撮るように伝えた。翌日の試合前、和田から「やっぱり骨折でした」と報告を受けた。

「そうか。で、(試合出場は)どうするんだ」

「このまま試合に出ます」

これで和田との会話は終わり。トレーナーには和田の動きを注視するように伝えたが、私が考えることは、和田が痛がる素振りを見せたり、走れなかったりしたら試合から外すだけだ。厳しいと思われるかもしれないが、これがプロの世界なのだ。

また、最近よく聞かれるのは、イップスの選手をどうするかということだろう。

ゴルフが由来とされるイップスは、ある位置から悪送球した選手が、再び同じような状況で送球する際、悪送球のイメージを思い出し、腕が思い通りに動かせずに悪送球を繰り返すというものだ。

これを精神的な病ととらえ、克服法を研究している学者もいる。だが、病だと認定されたことにより、選手本人や指導者が「イップスだから仕方がない」と考えてしまうようでは、話は進まない。

プロゴルファーがイップスになり、短いパットも入らなくなれば、試合に勝てなくなり、引退を余儀なくされるのかもしれない。ならば、野球選手も同じでいいだろう。投げられるのなら試合で使う、投げられないならユニフォームを脱ぐ。試合に出場する以上は、自分はイップスだと泣き言を口にするな、ということだ。

チームにとって、選手は大きな財産である。

それはプロもアマチュアも変わらない。指導者なら誰でも、すべての選手に目立つ実績を残してほしいと願い、そのためのサポートは惜しまない。だからといって、泣き言を聞いてやったり、甘えを許したりはしない。むしろ、そういう選手を抱えると、チームが空中分解してしまうことを心配したほうがいい。

そのためにも、自分の野球人生は自分で責任を持つように徹底して教育し、すべての人間が自己責任の意識の下で動けるチームにしていくべきだ。

もうひとつ、チームには思い描いたようには成果を上げられないという苦境が必ず訪れる。はじめのうちは、何とか総力戦で乗り越えようと必死に取り組むことができるのだが、苦しむ期間が長くなればなるほど、どうしても自分を正当化し、誰の責任で苦しんでいるのかと「犯人探し」が始まる。

プロ野球を例にすれば、ペナントレースで下位に沈んだチームに対しては、メディアが「A級戦犯は誰だ」といったような記事を書き立てる。私は、事情を知らない第三者の無責任な批判が大嫌いだ。

チームが最下位になるのは、何かひとつのことが原因ではない。

監督の采配、コーチの指導、選手のプレーの質、すべてに責任がある。

もっといえば、球団フロントの姿勢や編成部門の補強策にも問題があったのかもしれない。

極端な例で考えてみよう。

9対10の敗戦が10試合も続くと、さすがに打撃コーチや野手陣はカリカリする。「毎試合9点も取っているのに、なぜ投手陣は10点も取られるんだ」と言いたくなる気持ちも理解できる。

だが、打撃コーチや野手がカリカリする前に、投手コーチや投手陣は現状をどうにか変えたいと思い、あの手この手で改善に取り組んでいるのだ。そんなところに、打撃コーチから「おい、投手陣はしっかりしろ」などとクレームをつけられたら、「そんなことはわかっているよ」と思いながら反感を抱いてしまう。

勝てないチームは、得点が取れている時は打撃陣が、相手を抑え込んでいる時は投手陣が大きな顔をするから、いつまでたっても「試合に勝つ」という根本的な問題を解決できない。

こうした意味で、トップに立つ監督は「どんな場合でも、人様の仕事には首を突っ込むな」と徹底しておかなければいけない。

チームがなかなか勝てないという状態の時、監督が言えるのは、9対10の敗戦が続いているなら「投手陣はどうしても10点は取られる。何とか11点を奪ってくれ」、1

対2で負け続けているなら「攻撃陣は1点しか奪えない。投手は完封しなきゃ勝てないぞ」ということだけだ。

野球を経験している人ほど、「それで問題は解決するのか」と感じるかもしれないが、野球というゲームは相手より1点でも多く取ったチームが勝つ。投手が何点に抑えれば、攻撃で何点取ればということは一切関係ない。チームが苦しんでいる時こそ、野球というスポーツの原点を思い出すしかないだろう。

そうして、投手陣は「9点取ってもらった試合は8点までに抑えよう」、野手陣は「5点取られたら6点取り返してやろう」とプレーするのが勝てるチームだ。

相手を0点に抑えたい、10点でも15点でも取ってやるという意気込みと、いかに勝利という成果を上げるかは別次元のテーマなのである。

一人ひとりが自分の任務を全うし、チームとして目指している成果を上げられれば、誰かが自分の持ち場を越えて口を出し、不協和音を生むことはない。

勝てるデータ活用術

世の中には、さまざまな情報が溢れている。

私がインタビューを受けている時でも、昔の選手の名前、名勝負といわれる試合の話題などを持ち出すと、若い記者や編集者は、スマートフォンを手早く操作し、その情報を簡単に引っ張り出す。つくづく便利になったものだと感心するが、その便利さがすべて仕事や生活でプラスに働いているのかは別問題だろう。

野球の世界も同じだ。

選手の実力を示す数字も、打率、本塁打、打点といった単純なものだけでなく、出塁率と長打率を合わせたＯＰＳ（On-base plus slugging）をはじめ、いくつもの指標が作られた。これらは、野球をデータ面で愛好している人たちにとっては興味深いものなのだろうが、私は関心がない。

さて、そんなデータについても、私はいろいろな角度から論じている。

私は、データにあまり頼らないタイプだと思われているようだ。

確かに、現役時代はデータよりも、自分が打席に立って感じたことが重要だと考えていたが、20年間の現役生活で立った9257打席に関して、相手バッテリーの配球、打ったボールや結果はほとんど頭に入っていた。

実際、引退してしばらくは、取材の際に聞かれてもスラスラと答えていたのだが、さすがに20年もたつと、記憶があいまいになっている部分も少なくない。


私の現役時代は、パソコンやスマートフォンはなく、頭で覚える時代だったから、記憶力がよく、数字に強い選手が大成するともいわれていた。

実際、人の名前や球場までの道順はなかなか覚えられないのに、ユニフォームを着ている時のことはしっかり記憶している先輩が多かった。いわゆる、「野球頭のいい選手」だ。また、当時も球団のスコアラーから、相手投手の配球や自分の打撃結果をまとめたチャートを渡されていた。もちろん、それに目は通しておくのだが、あくまで参考程度であり、誰もが自分のデータを持っていた。

メモをつけている選手に、「それを見せてくれないか」と言おうものなら、「金を持ってこい」と返されるというようなエピソードが、いくつも残っている。

そんな私たちの現役時代に対して、情報化社会の昨今は、スコアラーに頼んでおけば、どんなデータでも揃えてもらえる。


こんな笑い話がある。新人投手が先発してくるということで、簡単なミーティングがあった。スコアラーがストレートのほかに3つの球種を持っていると説明し、「カーブはストレートとの速度差が大きく、タイミングが取りづらい。スライダーは打者の手元で鋭く曲がり、打ってもゴロにしかならない。フォークボールには落差があり、狙っていくボールではない」と解説した。

「ストレートはどうだ」と打撃コーチが聞くと、「140キロ台後半をコンスタントにマークする、新人離れしたストレートです」と返され、「それじゃ、打てるボールがないじゃないか」となったという。

笑えないのは、最近の若い選手はこういう部分に関しては素直で、スコアラーが提示したデータを頭に入れてしまう。いや、百歩譲って頭に入れるだけならいい。肝心なのは、そのデータの使い道を自分自身で考えることだ。

「こういう傾向があるのか」で終わらせず、それを自分のバッティングにどう生かすかまでを考え抜く。そうすれば、渡されたデータの中でも、自分が打っていいボール、手を出してはいけないボールが見えてくる。データをチームで共有するだけで終わらせず、自分のものにしておくことが肝要なのだ。

そうしたバッティングの感性を養うためには、スコアラーが作ってくれたチャートを試合後に自分でチェックする習慣をつけておくべきである。

最近では、そうしたデータやチャートを作る専門業者もある。だが、基本的には、プロはもちろん、アマチュアでも社会人ならスコアラーを務めるのは控え選手かコーチ、アナライザーのはずだ。

そうした人たちの野球を見る目は確かだと思うが、半面、本格的に野球に取り組んできたからこその先入観もある。

これも何度か書いているが、私が20年の現役生活を送れた理由のひとつは、「落合はアウトコースをライトスタンドまで運ぶ」というデータがあったからだ。

実際は、インコースから真ん中寄りのボールを押し込むようにライト方向へ打ち返していたのだが、それをバックネット裏の観客席から見ているスコアラーは、「まさかインコースをライトに打つことはないだろう」と、真ん中からアウトコース寄りだったと記してしまう。

この先入観ゆえの誤ったデータを参考にしたバッテリーが、「アウトコースを遠く見せるためにも、インコースを突いておこう」と投げ込んでくれるから、私が待っているボールがいつまでも来ていたのである。

どんなに優秀なスコアラーにも、そうした記入ミスがある。それ以前に、バックネット裏の観客席から見ているのでは、球審と捕手の背中に隠れて正確な球種やコースを記していくのは不可能だろう。

極論すれば、選手が参考にしているのは、そうした多少は誤差のあるデータなのだ。だからこそ、試合後には自分の打席のチャートをつぶさにチェックし、自分が思うのと違った球種やコースがあれば修正しておく。実際、現役時代の私も、必ず試合後には自分のチャートをチェックし、誤りがあれば修正しておいた。

選手の中には、試合直後に配球をチェックさせても、もう忘れてしまったという信じ難いタイプもいる。しかし、そんな選手でも、試合後のチャート・チェックを習慣化すれば、しっかり配球を覚えておかなければいけないと思うだろうし、それが少しでも自分のバッティングを真剣に考える動機になってくれればいい。

反対に、バッテリーならどうか。

対戦相手に高打率の打者がいれば、どう打ち取ればいいのかを徹底的に分析するはずだ。その際、打たれた打席の球種やコースを見てはいないか。もちろん、それも必要なのだが、それ以上に打ち取った打席をくまなく分析することをすすめたい。

直近の10試合に絞っても、プロなら打率3割5分、アマチュアでも4割超の打率を叩き出している打者は手の付けられない状態だ。しかし、それでも6割以上は打ち取られているのが、バッティングの正体なのである。

いい結果ばかりを見ていると、本当にどのコースに何を投げても打たれそうな気がしてくる。だが、冷静に考えれば打ち損じているほうが多い。たとえば、いい状態の時の私に対して、他球団は「四球で歩かせるのが一番いい」としていたという。

それを踏まえ、経験豊富な相手バッテリーは、際どいコースを突きながら意図的にカウント3ボールにするという攻め方をしてきた。

どんなに状態がよい時の私でも、3ボールから投げ込まれたストライクを無闇に打つことはしなかった。それで3ボール1ストライクとなる。次は際どいコースにストライクを投げてくるが、もともと四球でいいとアウトコースいっぱいを狙われたら、やはり私は手を出せない。カウントは3ボール2ストライク。

そう、初球から慎重に攻めても私を2ストライクに追い込むことは至難の業なのに、この攻め方では比較的楽に2ストライクを取れるのだ。

そして、6球目にその投手のウイニング・ショットを投げ込む。打者の心理も逆手に取った、上手い攻め方だと感心した。余談だが、そういう攻め方をされても、ウイニング・ショットの1球をつかまえるのが私の仕事だったのだが……。

もうひとつ、都市対抗など重要な大会でトーナメントの組み合わせが決まると、特に一回戦で先発が予想される投手の映像は穴が開くほど見るだろう。

これに関しても、見ていいものといけないものがある。

その投手の投球であっても、他のチームに投げている映像では思い通りの成果はあまり期待できない。他のチームと自チームでは、配球などが異なるからだ。

現役時代の私自身も、相手の先発投手の対策を練る時、他のチームに投げているデータは一切見なかった。スコアラーに頼んで、私のチームに投げてきたデータを出してもらい、それを過去の自分の印象と合わせて傾向を分析した。

アマチュアは、プロのように同じ投手と何度も対戦するわけではない。分析したい投手の映像も限られてくるだろうが、他のチームに投げているその投手よりは、その投手と似ているタイプの投手が自分のチームに投げている映像のほうが、攻め方に関しては参考になるだろう。

その投手が他のチームに投げている映像は、監督やコーチがチェックしておくくらいにして、対戦する選手には見せないほうがいいかもしれない。

最近の若い選手には、余分なデータを与えず、自分で考える習慣をつけさせることも検討してほしい。データを本当に生かせるのは、そのデータと自分の目で見て、感じたことをすり合わせていくこと。そして、そうしたデータの分析を他人任せにするのではなく、あくまで自分の経験を踏まえながら、自分のためのデータを自分自身で作り上げていくことなのだ。

新人や若手の起用で気をつけたいこと

2017年に『落合博満 アドバイス』を執筆する際、社会人の監督から寄せられた質問には、新人の起用に関するものがいくつかあった。

質問の内容はそれぞれだったが、要は新人をスターティングメンバーで起用したり、レギュラーに抜擢したりするタイミングに関してである。

プロでも社会人でも、「即戦力」という前評判の新人を採用することがある。先発ローテーションに入れる投手の駒が足りなかったり、ベテランの引退などで空いているポジションがあったりする場合には、それを埋められる力があると判断した新人を採用し、実戦で使いながら育てていくことも考える。これはチーム事情だから、いいとか悪いとかという問題ではない。

ただ、そうして競争をせずに新人を起用する場合は、ケガや故障がない限り、その年は「使い続ける覚悟」が監督には必要だ。

オープン戦で目立つ数字を残しても、その間にライバルチームは対策を練ってくる。開幕後もオープン戦のような結果を残せるわけではないし、仮に開幕時はまずまずのスタートを切ることができても、必ずどこかで壁にはぶつかるはずだ。

ましてや、プロや社会人の野球は、それまでの高校、大学とはレベルが違うのだ。経験がゼロの選手が、他の先輩たちと同じようなプレーを続けられることはまずない。また、選手にとって必要な体力には、「基礎体力」と「試合を戦い抜く体力」の2種類があるが、「基礎体力」は十分でも「試合を戦い抜く体力」は身についていない。後者の体力のなさゆえ、技術的に対処するのが難しくなったり、精神面で壁にぶつかったりする。

実際、私も野本圭や大島洋平を開幕から一軍で起用したが、彼らに何度か話していたのは「心を病むな」ということ。グラウンドでのプレー自体は、慣れればできるようになる。つまり、時間が解決してくれることもあるのだから、どんなに思い通りのプレーができなくても、「悪いのは使っている監督なんだ」というくらいの気持ちで、ただがむしゃらにやっていればいいという面もある。

適度な休養を与えることは必要だろうが、期待通りの数字が残せなくなった時に、ファームに落としても大きな効果は望めない。他の選手のプレーを見ることも勉強だと割り切り、ベンチに座らせておいたほうがいいだろう。

また、私が意見を求められているのは、こんなケースではないか。

ポジションに空きがあるというチーム事情ではないものの、（基本的に新人には等しく期待しているものだが）ある程度の期待をかけていた新人が春季キャンプから目立つパフォーマンスで、レギュラーを脅かす勢いを見せている。

さて、開幕のスタメンはどうするか。

以前から述べている通り、レギュラーと新人がほぼ同じ力を発揮したら（厳密に言えば、力が同じということはないのだろうが）、私ならばレギュラーを使う。

それは、試合を戦い抜く体力や状況判断力の点では、明らかに新人よりレギュラーのほうが優《まさ》っているからだ。

この点に関しては、ビジネスの世界でも同じような感じだろう。

新人は少しずつ経験を積み、誰の目で見てもレギュラーを追い越したという時点で、スタメン起用するのが理想的だ。

もし、開幕の時点で新人がレギュラーを追い越したと監督自身が判断したのなら、新人をスタメン起用すればいいと思う。ただし、チーム事情でスタメン起用したケースと同様に、「使い続ける覚悟」は持たなければならない。

一番の禁じ手は、開幕時はレギュラーより力が上だと判断して新人をスタメン起用したものの、次第に不安定さが目につくようになると、それまでのレギュラーに代えてしまうという使い方だ。

社会人でいえば、シーズン当初は新人をスタメン起用し、負けられない都市対抗予選では、それまでの経験を買ってレギュラーの力に頼り、無事に出場権を勝ち取ったら、また東京ドームでは新人を使うというやり方になるか。

「開幕した頃は、本当に新人がよかったんです」

そんな言い訳もあるだろう。ただ、どんなに優れた目を持った人でも、見慣れたものよりは新しいものに視線が向いてしまうものだし、イキのいい新人を見れば早くものにしてやりたいという親心も働く。そうした先入観があることを意識した上で新人を起用したいと考えたのなら、そうすればいい。

だが、先に書いたように、試合を戦い抜く体力や状況判断力の点で不安材料があるのはわかっていたのだ。だからこそ、新人の起用に関しては念には念を入れるべきである。それを怠ると、チームのあちらこちらにも影響が出てきてしまう。

新人とレギュラーに限らず、若手とベテランを使い分ける一番の弊害は何か。

先に挙げた社会人の例を再び用いて説明する。

入社したばかりはやる気に満ちていて、すぐに使ってもらえたことを意気に感じてプレーする。対戦相手にも詳細なデータはないから、はじめはそこそこの数字を残せる新人もいるだろう。

だが、次第に疲れは出てくるし、毎日一緒に練習していれば、自分の力が昨年までレギュラーだった先輩を圧倒的に上回っているわけではないと実感する。

つまり、監督が期待をかけて「先行投資」をしているのだ。だから、チームメイトを納得させるためには生半可な活躍ではダメだと、自分自身でプレッシャーをかけ始める。

そうやって、(表現はよくないが)少しずつ化けの皮が剥がれるものの、都市対抗予選で散々な思いをすれば、チームに迷惑をかけたと腹が据わる。自分の課題を実戦結果によって突き付けられているから、何をすればいいかもある程度わかるはずだ。そうした変化が見られれば、東京ドームで起用しても何とかやってくれるだろう。

しかし、このままプレーさせていては潰れてしまうかもしれないし、チームにもよくない影響が出ると、都市対抗予選でレギュラーに代えてしまうとどうなるか。「やっぱりそうだよな」と現実を受け入れ、もう一度スタートするつもりで必死に取り組むか。「何だよ、肝心な試合ではレギュラーに頼るのか」と、自分のことを棚に上げて憤慨するか。感情面では、性格によって受け止め方はさまざまだろう。

厄介なのは、大半の選手が大きな責任からの「解放感」を覚えることだ。

レギュラーという立場を経験した人なら理解できると思うが、その責任の大きさは半端なものではない。成長途上や控えの時は、試合に出られない苦しさを味わう。だが、レギュラーとなれば、どんなに状態が悪くても試合に出なければならない、出るからには結果を残さなければいけないという立場が、苦しさを何倍にもする。

プロでも、長くレギュラーとして活躍した選手が、世代交代などで控えにまわると、一気に老け込んでしまうことが少なくない。

もちろん、年齢的な衰えもあるのだが、何より毎試合スタメン出場しなくていいという解放感を知り、体が動かなくなってしまうのだ。ベテランなら、それを潮時とユニフォームを脱げばいいのだろうが、若いうちに解放感を味わってしまうと、その先の成長はなかなか見込めない。とても不幸なことだ。

20代半ばの選手がポジションを争い、はっきり決着しないと、監督は相手投手との相性や調子のよし悪しでツープラトン起用をすることがある。

最近はプロでも目に付く起用法だが、よく見ていくと、この状態からレギュラーを手にする選手は少ない。

レギュラーになるような選手は、一気に奪い取ってしまうものだろう。

ツープラトン起用では、控えにまわっても「また調子が上がればチャンスをもらえる」と考えてしまう。それが「何としてもレギュラーに定着したい」という執念を忘れさせる。また、スタメン起用されている時でも、心身ともにキツくなると「ここをどうにか乗り越えよう」と考えず、解放感が恋しくなり、あそこが痛いと自ら戦列を離れるようになる。

人間は、平坦な道と険しい山道の岐路に立てば、どうしても平坦な道を選ぼうとする。できれば楽をして生きていきたいと思うのは、決して悪いことではない。出世争いから身を引き、定年まで窓際で平穏無事に生きようとするのは、ビジネスマンとして悪いことではないと思う。

私自身も、プロ入りせずに東芝府中に残っていたら、そういう穏やかな人生を歩んだかもしれない。

しかし、個人事業主となり、常に勝敗に左右される世界に飛び込んでしまったから、そこで生き抜くために全力を尽くしたのだ。

楽をするのは悪ではないが、監督が新人や若手に解放感を与えておきながら、「あいつが思い通りに成長してくれない」「イメージしていたよりも素質がなかった」と嘆くのはいかがなものだろうか。「その育成法では、どんなに見込みのある新人を連れてきても潰れてしまいますよ」と言うしかない。

特に、現役時代にレギュラーの苦しさを味わっていない監督は、新人や若手の起用で解放感を与えてしまいがちだ。

豊かな将来性を備えた選手が、期待通りの成績を残せずに消えてしまうのは、技術的に間違った指導をしてしまうことより、解放感を覚えさせたケースが多いのだと肝に銘じたい。

森繁和ヘッドコーチとの思い出深いベンチワーク

拙著『采配』で、投手に関することは森繁和ヘッドコーチにすべて任せていた、と書いた。監督に就任した際、ストッパーに川上憲伸はどうかというコーチからの提案を、「わざわざ先発の柱をリリーフに回す必要はない」と却下したように、チーム作りでは自分の考えを貫くケースが多かった。だが、投手の育成や起用については、森繁和の方法論で進めていた。

たとえば、先発ローテーションの中心を担っている投手が、1回に7失点してしまったとする。こういう試合を逆転するのは容易なことではないから、私は負けを覚悟しつつも、少しでも次の試合につながるような負け方をしようと選手起用を考える。経験を積ませたい若手投手がいるなら、2回から投げさせてしまおうと考えることもあるだろうし、7失点した先発投手の状態が心配だから、もう少し投げさせて様子を見たいと感じることもあるだろう。

それを率直に伝えると、森繁和からは、その時の投手陣の事情を踏まえて答えが返ってくる。

「最近は中継ぎの登板機会が多いので、2回から注ぎ込むと負担が大きい。今日は先発に5回までは投げさせてください」

「投げたくて、うずうずしているのが何人もいます。2回からでも注ぎ込めますよ」

その答えによって起用の方針は決まり、森繁和が決めた順番で登板させる。

そのほかにも、ベンチでの森繁和と私は、さまざまな野球の話題を投手目線と打者目線で分析し合っていたという感じか。

そんな森繁和とのベンチワークで印象深いのは、2007年のシーズンである。

その前年、06年の中日は投打に充実し、チーム打率2割7分、チーム防御率3・10ともリーグトップ。福留孝介（現・阪神）が首位打者、タイロン・ウッズが本塁打王と打点王、川上が最多勝利と最多奪三振、岩瀬仁紀が最多セーブと、主力選手が期待通りの働きで2年ぶりにリーグ優勝を果たしていた。

ところが、北海道日本ハムとの日本シリーズには1勝4敗で敗れてしまい、短期決戦では何が起こるかわからないということを痛感させられる。

そして、07年にはセ・リーグでもプレーオフが導入されることになり、クライマックス・シリーズと名づけられた。個人的にはリーグ優勝の価値がどうなるのか懸念していたが、とにかくリーグ優勝と日本一を目指すことに変わりはなかった。

ペナントレースは巨人、阪神と首位を争った。小笠原道大や谷佳知が加入した巨人とは抜きつ抜かれつという状態で夏を迎え、8月21日の直接対決で勝つと、中日が約1か月ぶりに首位に立つ。

巨人は上原浩治をリリーフに回し、高橋尚成、内海哲也、木佐貫洋を中心に先発ローテーションを組んでいた。中日も14勝を挙げた中田賢一（現・福岡ソフトバンク）を筆頭に、川上、朝倉健太が2ケタ勝利を挙げ、山井大介や小笠原孝もまずまずの内容。9月前半には阪神が首位を奪うなど、三つ巴の戦いは最後の最後までもつれた。

こうした流れの中で、私は森繁和に先発投手陣の再編を命じなかった。

残り15試合を切ったあたりからは、エース格の投手を普段の中6日から5日、時には4日で先発させたり、リリーフで待機させたりというスクランブル態勢で臨むことは珍しくない。

しかし、私は先発ローテーションを崩さず、ストッパーの岩瀬を8回から投入することもしなかった。そして、1・5ゲーム差で巨人に逃げ切られてしまう。もしかしたら、スクランブルを覚悟していた投手陣は、肩透かしを食わされたように感じたかもしれない。

私がどうしても追い込む決断をできなかったのは、クライマックス・シリーズがあったからだ。チームに鞭を入れて優勝しても、その反動がきてクライマックス・シリーズで負けてしまったら、日本一への道は断たれてしまう。ならば、優勝できないのは不本意だが、余力を残して日本一を獲りにいってもいいのではないか。

何しろクライマックス・シリーズは初めての経験だったから、どんな流れになるのか想像できなかった。未知の領域に踏み込む以上、チームを少しでもいい状態でキープしておきたいと考えたのである。

そうした私の方針に従って、森繁和はペナントレース終盤からクライマックス・シリーズ、日本シリーズを見据えた先発ローテーションを組んでくれた。

それは川上、中田、朝倉、小笠原という順番で、阪神との第1ステージで2連勝すると、3試合目に予定していた朝倉を飛ばし、巨人との第2ステージ第1戦に予定していた小笠原をそのまま先発させた。

朝倉と踏んでいた巨人は面食らったというが、中日としては奇襲でも何でもなく、予定通りだったのである。

森繁和が考えた先発ローテーションはしっかりと機能し、クライマックス・シリーズから日本シリーズを9勝1敗。53年ぶりの日本一を達成することができた。

日本シリーズでは、森繁和の考えを尊重した選手起用もあった。日本一を目前にした第5戦の9回表、私は8回までひとりも走者を許していない山井から岩瀬に投手を交代させた。実は、それと同時に一塁手もウッズから渡邉博幸に代えるつもりだった。最終回の守りを渡邉に任せるのは、この頃の定石だった。

だが、私がそうするとわかっていた森繁和は、「9回もウッズに守らせませんか」と言ってきた。1対0の最少得点差で、万が一9回表に同点とされたら、その裏の攻撃はウッズからだ。念には念を入れて考えれば、この試合展開で打線にウッズがいるかいないかは大きく違う。

森繁和の意図は投手心理だった。

「これだけ緊迫した試合だと、ゴロを捕るのが上手いかどうかというより、体格の大きな一塁手がいると安心感があるものなんです」

確かに、ウッズだってどんな状況かはわかっている。

多少強めのゴロが一塁に飛んでも、身を挺してでも止めようとするだろう。ほかの内野手の送球が緊張感もあって高く抜ける可能性も考えれば、ウッズをそのまま一塁に置いておくのは悪くない。

私も納得し、山井から岩瀬への交代だけを球審に告げた。

岩瀬は金子誠を三振、代打の高橋信二をレフトフライに打ち取って二死。27人目の打者は、途中から三塁に入っていた小谷野栄一だ。

小谷野の打球は、高いバウンドで二塁の左に。荒木雅博が上手く回り込んで捕球し、一塁にジャンピングスローする。この送球が高く浮き、「あっ」と思った瞬間、ウッズが左腕を高く伸ばしてキャッチする。

日本一を勝ち取り、落ち着いてから勝利の瞬間の映像を森繁和らコーチ陣と見ると、誰もが口々に「ファーストをウッズのままにしておいてよかったですね」と言った。投手心理を参考に交代をしなかったことが、日本一を決めるプレーで奏功した。

このように、森繁和と私は、常に投手、打者という立場で考えることを教え合った。

「この場面で、投手は何をされたら一番嫌なの?」

私は森繁和にそう質問し、反対にこんな話をする。

「この投手に、こういう攻められ方をするのが一番嫌だけどな」

こうした情報交換が、当時の中日ではベンチワークにも生かされていたのである。

人材登用における私の考え方

どんな人材を採用すればいいのか——これは、企業の人事担当者だけではなく、新入社員の中から誰を配属してもらおうかという現場のトップ、野球チームの監督など、組織をまとめる立場の人なら誰もが考え、悩む永遠の課題なのだろう。

これ、という正解はあるのかもしれないが、世間でそれを明確に説明した人はまだいない。つまり、答えのないものを求めているという点では、バッティングの考え方と似ている部分がある。

そこで、あくまで私自身が考えたことをまとめたいと思う。

中日で監督をしている時、毎年ドラフトやトレード、あるいは外国人など新戦力を採用する際、私が採用のポイントとして見ていたのは「野球の技量」だけだ。

スカウトを交えた会議を開けば、高い技術や素質に恵まれているのは当然として、キャプテンを任されるなどの人間性、リーダーシップ、勝負強さ、協調性、明るさ、家庭で厳しくしつけられていることなど、プラスアルファの情報が報告される。

もちろん、性格は素直に越したことはないし、努力家なら大成する可能性も広がる。だが、プロ野球の世界を生きていくために最も必要なのは、やはり野球の技量である。極端な言い方をすれば、真面目な性格の選手がどんなに努力を積み重ねても、ムラのある性格でも、野球に関しては能力があるという選手には、太刀打ちできないのかもしれない。

しかも、大学まで真面目にやってきた選手が、野球を職業にする世界に入り、真面目さゆえに自分の限界を悟ってしまうケースをいくつも見てきた。あるいは、周囲には野球バカしかいないと感じ、息苦しさを覚えてしまうこともある。

その反対に「野球をやっていなかったら、どうなっていたかわからない」と評されるやんちゃ小僧が、24時間野球だけに没頭できる環境に身を置き、野球だけでなく、性格から言葉づかいまで、あらゆる面で成長していった例も知っている。

どういう若者が自分の組織で通用するのか、どんな世界でも入れてみなければわからないのではないか。しかも、成長できるか、戦力になれるのかは本人次第だ。

だからと言って、採用試験は意味がないからクジ引きで、ということでもない。

あくまで採用する側は、その若者の人生に責任を持ち、一緒にやっていこうと思える人材を選ぶべきだろう。

そうした意味で、野球チームの監督は、自分の専門分野である野球の技量で判断するしかないと思う。そこに性格などを加味して総合的に判断しようとすると、肝心なポイントがズレてしまう危険性が生まれるのではないか。


私の下でプレーした選手には、他球団の指導者やスカウトから「彼をよく使い切れますね」と言われる選手が何人かいた。そんな選手でも、私自身は使いづらいと感じたことはあまりない。

若手の仕事ぶりや性格を、あえて粗《あら》を探すように見れば、「あそこがダメ、ここが物足りない」といくつも欠点を見つけることはできる。プロの目でアマチュアを見れば、そんなものなのだ。

ただ、その中にひとつでも光るものがあれば、それを磨いて武器にすることで成長していく可能性は大いにある。監督やコーチが「こいつを何とか一人前にしてやりたい」という視線を常に向けていれば、疎外感や孤独感など覚えず、素直に努力をするのではないか。

だからこそ、私は自分の物差しで技量のみを判断し、「彼ならプロでやっていけるのではないか」という選手を採用した。

新戦力の採用と同じように、現役を引退した選手で、どんなタイプが監督、コーチに向いているのか。そう聞かれる機会も少なくない。

「どんな指導者になるのかは、やらせてみないとわかりません」

しっかり考えたプレーで高い実績を残した選手が、監督に抜擢されたら訳のわからない采配をしたという実例はある。逆に、「あいつで大丈夫か」といわれたコーチが、感心させられるほどの仕事をするのも珍しくはない。

指導者として声がかかるのは、現役時代にある程度の実績がある者が多い。その実績や自分がやってきた野球には自負があるだろうが、それで自分の担当以外の分野にも首を突っ込んだ人は、たいがい失敗する。

たとえば、名捕手といわれた人がバッテリーコーチになる。担当は若手から正捕手候補を作ることなのだが、本人はバッティングにも自信を持っていて、捕手を指導していると、ついついバッティングにまで話が及ぶ。

決して悪気はないのだが、そうやって捕手の指導をきっかけにバッティングにも口を出してしまえば、チーム内に波風を立ててしまいかねない。

あるいは、コーチの経験がない監督が、投手にも打者にも、時にはトレーニングにも無用な口出しをすれば、チームの中は大混乱してしまう。このように、指導者として実績を残せるかどうかは、その人が備えている指導力、野球観とは別の部分で決まることもある。

監督やコーチに抜擢する時は――企業における部長や係長選びと共通点があるのかどうかはわからないが――その人物について、できる限りの情報を集めてみることだろう。

自分が信頼している人、候補者の上司、同僚、かつての上司など、候補者に対する見方が偏らないように注意しながら、いろいろな角度からその人物について検討してみればいい。

もともと自分の後輩で気心が知れている、ウマが合って使いやすいという理由で抜擢するのは、私は賛意を示しかねる。

あくまで「仕事の能力」で判断すべきではないか。

さて、新戦力の採用と並び、アマチュア野球の監督が悩むのは、どうすれば豊かな素質を備えた選手をプロに送り出せるのか、という点だろう。

高校や大学は、卒業時しかドラフト指名されることはないが、社会人は高卒3年目、大卒2年目にドラフト指名が解禁となれば、それ以降はいつでも指名される可能性がある。社会人でプレーする選手は、ドラフト指名が解禁となるまでに力をつけ、なるべく早くプロ入りしたいと考えている。

社会人の監督も、プロ志望届を提出しようかと迷っている学生には、「うちでさらに力をつけてからプロ入りしたらどうだ」などと、声をかけることもあるだろう。メディアでドラフト候補と報じられる選手は、できる限りプロへ送り込んでやりたいと考えている指導者は少なくないはずだ。

ところが、どうすればプロ入りできるのか、すなわちドラフト指名されるのかということは誰にもわからない。資格試験のように合格点をクリアするとか、入学試験のように上位何名という基準があれば、そこを目指して努力できるのだろうが、ドラフトにそういうものはない。

つまり、どれほど将来性に恵まれた選手を採用しても、その選手をプロに送り出せる保証などないのだ。

ましてや、社会人の監督の仕事はチームを日本一に導くこと、野球を通じて人材を育成することであり、選手を育ててプロに送り出すことではない。高校や大学でドラフト候補と騒がれた選手を、なんとかプロ入りさせてやりたいという親心は理解できるが、どんなに努力しても確証を得られないことに注力するより、自分の仕事に徹するべきだ。

では、プロを目指す選手とどう向き合うかといえば、毎日の練習を全力でサポートするしかない。実戦で力を発揮できるように練習に取り組ませ、「ほかの選手と同じようにやっていて、プロ入りできると思っているのか」と厳しく鍛えればいいのではないか。

その結果、選手がプロ入りできようができまいが、それは監督の責任ではない。選手自身の問題である。

そこだけは間違えてはならないし、選手を勘違いさせてもいけない。

監督は、常にどうすれば勝てるのか、現状よりもチーム力を高められるのかを考え、選手たちの動きを観察する。そうやって活動する中で、ドラフト指名された選手はプロに送り出してやる、ということでいいだろう。

また、社会人では現役引退した選手の大半が社業に就く。

その社業でどんな評価を得ていくのかも、監督の責任ではない。

野球部員は、子供の頃から勉強ではなく野球に熱中してきたのだ。企業にも野球で採用され、業種にもよるが、現役時代は満足な仕事などしていない。同世代の人たちと比べれば、仕事のスキルはどうしても劣るものだ。

しかし、企業の中にはさまざまな仕事があり、野球ばかりやってきた人間にも適した仕事があるはずだ。いくつかの部署をたらい回しにされてもいい。はじめのうちは、上司や先輩に迷惑ばかりかけても仕方がない。それらを乗り越えて成長していけるのかどうかも、野球と同じで、自分次第である。

監督はいろいろな物事を背負い過ぎず、目の前にいる選手のサポートに全力を注げばいい。

郵便はがき

料金受取人払郵便

渋谷局承認

5641

差出有効期間
2019年12月31
日まで
※切手を貼らずに
お出しください

1 5 0-8 7 9 0

1 3 0

〈受取人〉
東京都渋谷区
神宮前 6–12–17
株式会社ダイヤモンド社
「愛読者係」行

フリガナ		生年月日				男・女
お名前		T S H	年	年齢 月	歳 日生	
ご勤務先 学校名		所属・役職 学部・学年				
ご住所（自宅・勤務先）	〒 ●電話 （ ） ●FAX （ ） ●eメール・アドレス （ ）					

◆**本書をご購入いただきまして、誠にありがとうございます。**
本ハガキで取得させていただきますお客様の個人情報は、
以下のガイドラインに基づいて、厳重に取り扱います。

1, お客様より収集させていただいた個人情報は、より良い出版物、製品、サービスをつくるために編集の参考にさせていただきます。
2, お客様より収集させていただいた個人情報は、厳重に管理いたします。
3, お客様より収集させていただいた個人情報は、お客様の承諾を得た範囲を超えて使用いたしません。
4, お客様より収集させていただいた個人情報は、お客様の許可なく当社、当社関連会社以外の第三者に開示することはありません。
5, お客様から収集させていただいた情報を統計化した情報（購読者の平均年齢など）を第三者に開示することがあります。
6, お客様から収集させていただいた個人情報は、当社の新商品・サービス等のご案内に利用させていただきます。
7, メールによる情報、雑誌・書籍・サービスのご案内などは、お客様のご要請があればすみやかに中止いたします。

◆ダイヤモンド社より、弊社および関連会社・広告主からのご案内を送付することがあります。不要の場合は右の□に×をしてください。 不要 □

①本書をお買い上げいただいた理由は？
（新聞や雑誌で知って・タイトルにひかれて・著者や内容に興味がある　など）

②本書についての感想、ご意見などをお聞かせください
（よかったところ、悪かったところ・タイトル・著者・カバーデザイン・価格　など）

③本書のなかで一番よかったところ、心に残ったひと言など

④最近読んで、よかった本・雑誌・記事・HPなどを教えてください

⑤「こんな本があったら絶対に買う」というものがありましたら（解決したい悩みや、解消したい問題など）

⑥あなたのご意見・ご感想を、広告などの書籍のPRに使用してもよろしいですか？

1　実名で可　　2　匿名で可　　3　不可

※ご協力ありがとうございました。

大原則や当事者の「思い」は考慮されているか

野球の規則や申し合わせ事項には、毎年のように手が加えられる。規則の変更は、基本的にはアメリカが変更した1年後に日本も足並みを揃えるというケースが大半だ。どんな経緯であれ、ルールとなったものには従わなければいけない。だからこそ、ルールを決める人たちには、物事の大原則、そのルールが適用される「当事者の思い」も考慮してもらいたい。

2018年から敬遠四球に申告制が導入された。監督が球審に申告すれば、敬遠するための4球（1ボールから敬遠するなら3球になる）を投げなくていいというもので、投げなかった分は投球数には入らない。

このことで、野球ではおもしろい記録が生まれる可能性がある。

投球数ゼロの敗戦投手だ。登板した投手は、最低でもひとりの打者をアウトにするか、ヒットや四球、エラーで出塁させなければ交代できない。
たとえば、交代で登板した投手Aが投げようとしたところ、相手打者には代打が送られ、その打者は敬遠すると申告すれば、投手Aは1球も投げずに走者を一塁に出したことになる。これで次の投手Bに交代し、Bが打たれ、Aが申告敬遠した走者が決勝点となった場合、Aは1球も投げていないのに敗戦投手となる。

本塁上のクロスプレーに関して、衝突（コリジョン）ルールが制定されている。公認野球規則6・01（i）「本塁での衝突プレイ」を簡潔に紹介しておこう。

(1) 得点しようとしている走者は、最初から捕手または本塁のカバーに来た野手（投手を含む）に接触しようとして、または避けられたにもかかわらず最初から接触をもくろんで走路から外れることはできない。〈以下略〉
(2) 捕手がボールを持たずに得点しようとしている走者の走路をブロックすることはできない。〈以下略〉

本塁上での衝突プレーは、まずメジャー・リーグで問題視された。

2011年にサンフランシスコ・ジャイアンツのバスター・ポージーという24歳（当時）の捕手が、得点しようと走ってきた走者から激しいタックルを受け、左足首の靭帯を断裂するなど重傷を負った。

ポージーは人気が高く、そのシーズンは戦列に復帰できないなど選手生命の危機と思われるケガだったことから、本塁上での衝突プレーに関する是非が議論されるようになった。

翌12年、大谷翔平（現・ロサンゼルス・エンゼルス）や藤浪晋太郎らを擁する高校日本代表が出場した18U世界選手権大会で、捕手の森友哉（現・埼玉西武）がアメリカの選手から本塁上で2度も体当たりされた。

これを中継などで目の当たりにした日本のファンやメディアも、「あれでは選手が死んでしまう」と、本塁上のクロスプレーに関心を持つようになる。

こうして、日米で本塁上のクロスプレーに関して意見が交わされ、メジャーでは14年に規則に加えられ、15年から運用。日本でも、16年から規則を導入し、見直しをしながら運用されている。

最近では、ビデオ判定も導入されていて、本塁上のクロスプレーについてはタイミングがアウトかセーフかだけではなく、衝突ルールを適用すべきかどうかも判定の対象になっている。

これは、選手を大ケガから守るという点で導入の機運が高まったと感じているが、そもそも生還を目指した走者はなぜ捕手にタックルするのか。

捕手が本塁上で走者をブロックする際に、「本塁の一角を空けておかなければならない」という規則があるにもかかわらず、それをせずにブロックするため、本塁に触れることのできない走者がやむを得ず捕手に体当たりしたのが始まりだ。

ならば、大原則に立ち返り、捕手のブロックを規則通りにするよう徹底するのが改善へのスタートではないだろうか。日本の高校野球では、その部分を厳しく見ていて、捕手が本塁の一角を空けていなかったとなれば走塁妨害を適用していたと思う。

そうした上で、捕手に体当たりした走者は単なるラフプレーとし、なんらかのペナルティを科してもいい。私は現場を離れているので、現在の本塁上のクロスプレーについて、これはよし、これはダメと細かく判別することはできないが、どうもややこしくなったというイメージがある。

もうひとつ心配なのは、衝突ルールがあるから走者はぶつかってこないと捕手が思い過ぎると、不可抗力の衝突で大ケガをしかねない。逸《そ》れた返球を捕ろうとした捕手が走ってくる走者に近づいていったり、頭から飛び込もうとしたりした走者が、捕手に覆いかぶさるようになってしまうケースも考えられる。

どんな規則を作っても、プレーの流れで捕手と走者が衝突する可能性はなくならないのだから、衝突ルールがあるから安全だと考えてはいけないだろう。繰り返し書くが、本塁上のクロスプレーをややこしくするより、まずは本塁の一角を空けるという大原則を徹底し、そこからクロスプレーが実際にどうなるのか検証していくという手もあると思う。

また、18年から社会人野球では、ベンチ前でのキャッチボールが禁止された。攻撃がワンアウトかツーアウトになり、次の回に備える投手や、交代出場が想定される野手のキャッチボールを禁止したのだ。これも、公認野球規則5・10（k）を紹介しておこう。

(k) 両チームのプレーヤーおよび控えのプレーヤーは、実際に競技にたずさわっているか、競技に出る準備をしているか、あるいは一塁または三塁のベースコーチに出ている場合を除いて、そのチームのベンチに入っていなければならない。〈以下略〉

誤解のないように書けば、競技に出る準備とはネクストバッターズ・サークルで待機することで、ベンチ前でキャッチボールをすることではない。つまり、これはベンチ前でのキャッチボールを禁止するのではなく、公認野球規則5・10(k)を遵守するということだ。

実は、ベンチ前でキャッチボールをするのは世界でも日本だけなのだ。

20年の東京五輪で世界中の野球ファンが観るであろう試合を世界基準で進めるためにも、日本独特の習慣を世界基準に合わせようという目的だと解釈している。

そもそも、なぜ日本でベンチ前のキャッチボールが始まったかといえば、野球場の形が大きく関係している。アメリカの野球場の多くは、ファウル・グラウンドが狭い。観客に少しでも間近で観戦してもらうためだ。

それに対して、日本では広くファウル・グラウンドを取っている野球場が多い。自治体や学校の野球場は、試合のほかに練習でも使用されることが多く、たとえばフリー打撃をしている間も、ファウル・グラウンドが広ければバント練習やゴロの捕球などができる。アメリカでは、そうした練習を室内やサブグラウンドで行なうため、野球場は試合のことだけを考えて造られている。

狭いファウル・グラウンドでは鋭い打球を避けられないから、アメリカでは試合中にファウル・グラウンドに出ることがない。

一方、日本の広いファウル・グラウンドなら、打球に気をつけながらキャッチボールくらいできる。肩を温めたい、いい投球をするために準備したいという日本人の几帳面さも、ベンチ前でキャッチボールを始めた理由のひとつだろう。

そうやって、日本では長く習慣的にベンチ前でキャッチボールをしてきた。規則では禁じられているから、プロ、アマチュアとも団体ごとに申し合わせ事項や特別ルールとして認めてきた。そして、国際大会に限っては、ベンチ前でキャッチボールができないことを承知で対応策を考えてきた。今後も、これを続けてはいけないのだろうか。あるいは、イニングごとにマウンドに登った際、投手の好きなだけ投球練習をさせることはできないのか。

長く習慣的に続けられてきたことには、それなりの意味が生まれている。それを突然やめてしまうことのリスクやデメリットを考えなければならない。

こうしたケースでは、現場の意見を集めるべきだろう。参考までに、アメリカから来日した投手の中には、ベンチ前でキャッチボールを始める者もいる。していなかった者が、したほうがいいと考えるものであるということだ。

私の想像では、社会人では18年から導入し、プロは18年の導入を見送ったということだから、現場は困惑しているのだろう。

こうした選手にとってデリケートな問題は、できれば現場や当事者の意見を十分に検討した上で実行すべきだと感じている。

同じような感想を持つのがタイブレーク制度だ。日本のアマチュアは当たり前のように実施していて、18年からマイナー・リーグでも導入されたと聞く。もはや、私が是非を述べるものでもない。

ただ、こういう思いだけは忘れてほしくない。

たとえば、社会人のベテラン投手が、その年限りでの現役引退を決意してシーズンに臨む。都市対抗に出場し、一回戦の先発を任される。野球人生の集大成という思いで好投を続け、試合は延長に入ったが、11回を終えても決着しない。「ミスター社会人」と尊敬を集めた投手の最後のマウンドがタイブレークになる——これを本人は、家族は、チームメイトは、観客はどう感じるのだろう。

都市対抗のような歴史と伝統のある大会は、ひとりの選手のためにあるのではない。しかし、すべての選手が気持ちよく、悔いなくプレーできる舞台であってほしい。だから、規則を決める人たちに向けて、もう一度書いておく。

「あなたの野球人生の最後の試合が、タイブレークで決着しても満足できましたか」

大谷翔平の成功を私なりに考えた

大谷翔平をテーマにしたテレビ番組に呼ばれることが多い。

今季からロサンゼルス・エンゼルス・オブ・アナハイムの一員となった大谷が、投打にわたって活躍している技術的な裏づけを求められることもある。

だが、メディアが関心を持っているのは、なぜ私が大谷の活躍を予見していたかということのようだ。

2012年、花巻東高の3年生だった大谷はメジャー・リーグ入りを希望。多くのプロ球団が説得するのは無理だと判断してドラフト指名を見送ったものの、北海道日本ハムは果敢に1位指名した。

私は監督を退任して現場を離れていたから詳しい経緯は知らないが、北海道日本ハムは独自の育成プランを提示し、大谷の気持ちを動かして入団契約にこぎ着けたのだろう。ほどなく、投手と打者の「二刀流」に挑戦させるとした。

「二刀流で成長しようと思うなら、他の選手の倍は練習に取り組まなければならない。笑顔でインタビューを受けているヒマはないだろう」

春季キャンプで連日、大谷の練習の様子が取り上げられている時、私はそんなふうに語ったと記憶している。

大谷や北海道日本ハムが、二刀流をどうとらえているのかはわからない。けれど、投打のどちらかでも大成するのが大変な世界で、両方をやると宣言したのだ。少なくとも、規定投球回数や規定打席に到達しなければ成功とはいえないのだから、相当の覚悟が必要であり、それにしてはのんびりし過ぎではないかというのが、初めの印象だったかと思う。

そんな1年目、大谷は開幕戦には八番ライトでスタメン出場し、2安打1打点でプロデビューを飾る。投手としては、セ・パ交流戦で東京ヤクルトを相手に先発登板し、5回を2失点という内容。結局、打者では77試合で打率2割3分8厘、3本塁打20打点。投手では13試合で61回2/3を投げ、防御率4・23で3勝0敗という成績だった。

160キロに迫るストレートを投げるなど、大谷のパフォーマンスは注目されたが、プロ野球OBの評論家は、投打ともに高い潜在能力を備えているだけに、「どちらかに専念したほうが、スケールの大きな選手になるのではないか」という論調が強かったと思う。

しかし、2年目は投手として11勝4敗、打者では10本塁打をマーク。

3年目には15勝5敗、防御率2・24で最多勝利、最優秀防御率、最高勝率のタイトルを獲得し、ベストナイン投手にも選ばれる。

さらに、4年目は10勝と22本塁打で最優秀選手、史上初めて投手と指名打者の2部門でベストナインに選出される。

ちなみに、ベストナインは全国の新聞、通信、放送各社に所属し、5年以上プロ野球を担当している記者の投票で決められており、投手と野手の重複投票は認められていなかったが、大谷が選出された2016年のシーズン途中で規定が変更された。

こうした大谷の歩みを見てもわかるように、二刀流では先発ローテーションを守って投げ続ければ、規定投球回数はクリアできる。

ただ、登板する試合では打席に立たないことなどで、規定打席に到達するのは難しい。つまり、打撃部門でタイトルを獲得したり、際立つ数字を残していったりするのは至難の業だ。それがわかると余計に、周囲は「投手に専念すれば」と、お節介を焼きたくなる。

この頃、大谷が私たちとは違う感性を持っていることに気づかされた。

私たちの世代は、プロ野球で成功することの定義を、規定投球回数や規定打席に到達する、すなわちレギュラーになることだと考えてきた。そして、100勝より101勝、100本塁打より101本塁打をマークした人が優れていると見ている。

そんな中で、私が三冠王にこだわったのは、プロ入りが26歳になるシーズンと遅く、通算本塁打では王貞治さんの868本、通算安打でも張本勲さんの3085本には到底追いつけないと思ったから。

三冠王ならば、3回獲得すれば、2回の王さんを抜いてトップに立てると考え、実際に3回手にすることができた。3つの打撃タイトルを独占する醍醐味を知り、その後も三冠王だけを狙ってプレーを続けた。

本塁打や打点を稼ごうとすると、どうしてもボール球を打ちにいき、打率を落としてしまうことがある。今になってこの頃を振り返り、「おとなしく首位打者だけ獲っておけばよかったかな」と思うこともあるが、3つを揃えなければ意味がないと考えていた当時を後悔することはない。

タイトルはひとつ手にするのも大変なものだが、それを3つ揃えなければ意味がないと考えるのは、三冠王を経験した私ならではの感性といえる。

そんな私も、先輩や同世代の選手から「変わり者」と言われたことがある。だから、40歳以上離れた大谷が何を考え、どんな感性を持っていようと不思議ではない。

「プロでも投げて打って、両方ともやっていきたい」

その大谷独自の感性や価値観を、世代の違う私が「君は投手としての才能がずば抜けているのだから……」と、私の感性で否定することも意義を唱える必要もないのだ。私は私の野球人生を歩んできた。大谷も、自分がこうだと思う野球人生を突き進んでくれればいい。

4年間、大谷が投打の両面である程度の実績を残したことにより、メジャー・リーグでどうするのか、という興味が湧いてきた。仮定の話をしても意味はないが、もし大谷が高校卒業と同時にメジャー・リーグに進んでいたら、それなりの契約を結ぶことはできただろうが、二刀流を認めてくれたかどうかはわからない。

北海道日本ハムで投手としても打者としてもプロのレベルで通用することを示したからこそ、17年にポスティング制度を利用してメジャー・リーグへの移籍を目指した際、メジャー・リーグ球団も二刀流として契約するかどうか真剣に検討した。

そうして、エンゼルスの大谷獲得の条件を聞いた時、私はもう大谷の野球人生は成功したのだと確信した。

エンゼルスには、アルバート・プホルスというスター選手が在籍している。

1980年にドミニカ共和国で生まれ、高校生の時に家族でアメリカへ移住したプホルスは、99年のドラフトでセントルイス・カージナルスから13巡目で指名される。全体では402番目の指名である。

三塁手兼外野手としてマイナーのA級でデビューした00年に、圧倒的な数字を残して一気にAAA級まで駆け上がると、翌01年にはメジャーに昇格し、17年までに通算2968安打、614本塁打をマーク。現役引退後は、野球殿堂入り間違いなしといわれる名選手だ。

ワールド・シリーズで優勝した11年のシーズンオフに、大型契約でエンゼルスへ移籍。エンゼルスでは一塁手と指名打者を務め、16年からは主に指名打者。2018年の年俸は3000万ドルで、1ドル110円で換算すれば、33億円という途方もない数字である。

そんなエンゼルスの、いや、メジャー・リーグの宝のような選手に、38歳で一塁を守らせてでも、大谷を指名打者で起用するとオファーしてきたのだ。

こんな痛快な話はないだろう。大谷が温暖な気候の西海岸で、そこまでの条件を出したエンゼルスに決めるのは当然だし、その時点でもう大谷のメジャー挑戦は成功なのだ。

オープン戦で大谷が苦労すると、メジャーでの二刀流はやはり無理なのかという報道もあった。だが、自分がやりたかったことを本場のメジャー・リーグでやっているのだ。大谷には余計なプレッシャーなどなかったはずだ。

そして、シーズンが始まると楽しそうにプレーしている。私たちも、その姿を見られたのだ。それで十分だろう。

あえて野球経験者として大谷が成功した理由を探せば、１９３cm・97kgという体格がものをいっているという感想だ。日本人とアメリカ人では体格以前に骨格が違い、日本人が下半身の力も上手く使ってプレーしているのに対し、アメリカ人は上半身の力だけに頼ってプレーできる。

１７０cm台と小柄な部類でも、アメリカ人選手が本塁打を量産できるのは、骨格による小力があるためだ。そういう世界に日本人が入ると、細かな技術は上でも、どうしても力負けしてしまう。しかし、大谷ほど体格に恵まれていれば、その問題もクリアできると見ている。

大谷の活躍は、昔からいわれてきた「投手をできる選手は万能だ」という見方を思い出させてくれた。

私たちが若かった頃は、クラスで運動能力の高い子はもれなく野球をしていて、その中から投手が選ばれた。投げるだけでなく、打っても走っても一番という子が投手だったから、必然的にエースで四番が多かった。

そんな子たちが中学、高校、大学、社会人と淘汰され、投手だった子が内野手、外野手になっていく。だから、プロで投手をやれる選手が打撃もいいのは当たり前。通算400勝の金田正一さんは38本塁打をマークしており、投手の通算本塁打数でもトップである。

それが、時代とともに野球は広場の三角ベースからではなく、小学生でもチームに入団して始めるようになった。その日にやりたいポジションをやるのではなく、指導者に決められたポジションをこなすようになったことで、次第に運動能力の高い子が投手をやるのでなく、指導者が投手向きと判断した子が投手になる。

さらに、子供の頃から取り組めるスポーツが多様化したことで、クラスで一番の子が野球ではない競技に取り組むケースも増え、「投手をやる子は万能」という状況ではなくなってきた。実際、高校野球を見ても、エースで四番どころか、投手は下位打線というチームが目立つ。

そうやって、投げることと打つことが分業制になった時代でも、投手をできる子は運動能力に恵まれていて、その気になれば打撃もいいだろう、というのが私の見方だ。大谷はそのことを再認識させてくれた。

大谷と私の感性や価値観は違う。生まれた時代、育った環境が違えば同然のことだろう。私は三冠王にこだわり、大谷は二刀流を目指す。そんな大谷を北海道日本ハムやエンゼルスが必要としたのだ。それでいい。私には、自分とまったく違う道を突き進む若者が何を見せてくれるのか、その楽しみしかない。

プロフェッショナルの世界とは、先人が打ち立てた偉大な記録を塗り替えていくものであるのと同時に、誰もやったことのないパフォーマンスを見せていくものでもあるのだ。

ユニフォームで考える物事の本質

ユニフォームとは、選手、コーチ、監督にとっての制服である。

私はどの球団でプレーした時も、中日で監督を務めた時もユニフォームに誇りを持って着ていた。

日本では、プロがユニフォームの胸の部分に、ホームは愛称、ビジターには親会社名を入れているが、社会人、大学、高校でも社名や校名を入れていて、看板を背負うという側面もある。

最近の野球界では、そうした感覚が薄れてきたように感じている。

プロ野球界では、ファンサービスの一環として、本拠地の3連戦を「○○デー」とうたい、限定ユニフォームを着用するのが流行りだ。

しかし、冒頭に書いた理由で、私が監督の時はイベントの実施には協力しても、限定ユニフォームは着なかった。唯一、セ・リーグの記念行事で昔のデザインのユニフォームを着用するというイベントがあり、その時だけ日本一となった1954年と同じデザインのユニフォームで戦った。

限定ユニフォームを採用するか否かは、その考えが正しいかどうかというよりも、感覚的な問題だろう。私が若い頃は、ユニフォームに誇りを持っている人は多く、どれだけユニフォームをきれいに着こなせるかも見られていた。

一流と呼ばれる人のユニフォーム姿は本当に美しく、三冠王を手にするようになった頃からは、私もそうした自覚を持って着ていた。

そんな私だからか、ユニフォームに関して思うことがいくつかある。

まず、昔のデザインのユニフォームを採用するのはいいが、親会社が変わった球団が、かつての親会社の時代のユニフォームを着るのはおかしくないだろうか。

メジャー・リーグは、親会社名は一切出さず、ニューヨーク・ヤンキースのように本拠地と愛称で呼ばれる。

ナ・リーグのアトランタ・ブレーブスは、球団創設から約80年間はボストンを本拠地にしており、インター・リーグの導入でア・リーグのボストン・レッドソックスと対戦するようになってから、ボストンで行なわれる試合は「かつてのボストン対決」として盛り上がる。その際に、ブレーブスが「ＢＯＳＴＯＮ」と胸に入ったユニフォームを着ても違和感はない。

だが、オリックス・バファローズが近鉄や阪急時代のユニフォームを着るのは少し違うだろうと感じる。オリックスは阪急から経営権を受け継ぎ、２００４年に大阪近鉄と統合された歴史を持つ。

だから、阪急や近鉄のＯＢも、オリックスのＯＢと同様に大切にしていく。最近の言葉を使えばリスペクトするのはいいことだ。しかし、ユニフォームは別だろう。阪急ブレーブスの親会社だった阪急電鉄という会社は、現在は阪急阪神ホールディングスの小会社である。同じグループの阪神電鉄が阪神タイガースの親会社なのだから、オリックスが「ＨＡＮＫＹＵ」と胸に入ったユニフォームを着ることには強い違和感を覚える。

同じような理由で、福岡ソフトバンクが南海、埼玉西武が西鉄という、親会社ではない現存する企業時代のユニフォームを着るのはいかがなものか。その球団の歴史は、もっと別の方法でファンに伝えていくことができるはずだ。

小言のようになってしまったが、その小言ついでにもうひとつ書けば、ユニフォームのあちらこちらに広告を入れるのも見た目はよくない。

これは、サッカーなど海外を含めた他のプロスポーツの影響もあるのだと思う。そうやってスポンサーを獲得しながら成熟してきた競技もあるだろう。しかし、野球はユニフォームのシンプルさでステイタスを育んできた部分が強い競技だと思う。

野球界とは離れて考えてみる。日本人男性の正装と言えば紋付羽織袴なのだろうが、ビジネスマンのそれはスーツにネクタイか。これが夏場にクールビズということで、上着とネクタイをしないのは理解できる。実用的であり、機能性も高いと感じる。

しかし、政治家のクールビズには軽さというか、みすぼらしさしか感じない。彼らは国を代表する立場にあり、国民の税金で仕事をしている。テレビに映る時の印象なども大事なのだから、仕事に専念している時間はまだしも、人前に出る時は蒸し暑い夏の昼間でもビシッとスーツを着こなし、ネクタイもしていてほしい。

さて、ここまでは私自身のユニフォームに関する考え方を書いたが、そうした中での問題提起に入る。

社会人野球では、試合のスピードアップと並んでマナーアップも提唱されていて、ユニフォームについてもプロのような裾の広いロングパンツは禁止されている。

なぜ、ユニフォームの形について規制する必要があるのだろう。

日本の野球界で、現在のように裾の広いロングパンツの原型を着用したのは、おそらく私が初めてだ。1991年、37歳でプレーしていたシーズンに、私はふくらはぎを肉離れし、1か月ほど戦列を離脱した。復帰後も、故障個所に負担がかからないようにするため、医師やメーカーの担当者に相談してあつらえたのが、裾を伸ばしたままにするユニフォームだった。

それまで、アンダーソックスとストッキングを重ねばきしたら、その上部をマジックテープのついたストッキング・ガーターで止める。そして、ユニフォームのパンツをはき、裾はたくし上げて膝のあたりで折り返すか、伸ばしたままにするかが基本的な着こなしだ。

ただ、ユニフォームのパンツの裾にはゴムが通されており、膝で折り返しても、伸ばしたままにしても膝か足首が締めつけられた。

医師によれば、それによって血流が悪くなるのが一番いけないということだったので、メーカーの担当者に裾のゴムを取ってもらった。

そういう理由で、私はパンツの裾がダボッとしたユニフォームを着ることになった。確か、当時も「パジャマのようだ」と揶揄されたが、私はユニフォームにファッション性を求めたのではなく、1年でも長くプレーを続けるためにそうしただけである。

その後、二十数年をかけて、ロングパンツの形が定着したわけだが、私より年上の世代の人には、どうもだらしなく見えるらしい。しかし、それは私が「オリックスが阪急のユニフォームを着るのはいかがなものか」とか「政治家のクールビズは軽い」と言うのと同じ主観的な見方であり、それで規制するのはおかしな話だ。

話を進めれば、昔の人はパンツの裾を膝までたくし上げるオールド・スタイルを好む傾向が強く、そういう着こなしをしているチームがアマチュアには多い。けれど、昔と違って現在のそのスタイルは、膝まである厚手のソックスをはき、ユニフォームのパンツも膝丈なのだ。

見かけは同じでも、この形では激しい動きをした際に膝が露出してしまうことがある。実際、マウンドで投手が投げ込むシーン、内野手が腰を落としてゴロを捕球するシーンの写真を見た時、膝が露出してしまっていることは珍しくない。

こんな危険な着こなしを「よし」とし、自分の好みで裾の広いパンツを規制するとは、選手の安全を守るという視点からも本末転倒だろう。ユニフォームの形の変遷に、ファッション性が一切なかったとは言わない。それでも、第一に考えられてきたのは、どうすれば選手をケガや故障から守れるかということだ。

だらしなく見えるかどうかは、それこそファンや会社関係者が判断することではないか。特に社会人の場合は、どんな形で、どういうデザインのユニフォームを着るのかは、会社ごとに決めればいいと思う。日本野球連盟には、社会人野球の発展のために、ほかに取り組まなければならないことが山ほどあるはずだ。

また、チーム、あるいは監督にも考えてもらいたいことがある。

最近はアマチュアでも、選手の着ているものの種類が多過ぎる。

高校や大学の選手が白い練習着なのは、安価なのが一番大きな理由。昔は、公式戦のユニフォームは学校持ちで、ベンチに入る選手しか着ることができなかった。だが、現代は公式戦のユニフォームも全員が入部の際にあつらえたり、練習試合用のユニフォームまで揃えたりしているチームも珍しくない。同じものを何着も持っているとはいえ、試合でも練習でもホームとビジターの2種類しかないプロに比べて、アマチュアのほうが贅沢だと言えば皮肉に聞こえてしまうか。

予算があったり、保護者の理解を得られたりするなら、何を何着作ろうとチームの勝手だ。ただ、忘れてほしくないのは、さまざまなタイプのユニフォームを着ることの大きなデメリットである。

野球に携わっている人たちには言わずもがなだが、ユニフォームはS・M・L・Oとサイズ別になっている。ところが、同じLサイズでも、メーカーによって身幅や袖の長さには若干の違いがある。

公式戦のユニフォームでもホームとビジター、これに練習試合用まで採用し、すべて異なるメーカーで仕立てれば、厳密にいえば着心地の違うユニフォームを3着身につけることになる。

投手ならば、普段の練習から実戦と同じ感覚を養うことも重要だから、ブルペンで投球練習をする時は公式戦のユニフォームを着るのが望ましい。

野手も着心地だけならいい。ただ、練習試合用が公式戦のホーム用に比べて袖が若干長かった時、内野手が一塁へスローイングする際に、袖がまとわりついて違和感を覚えることがある。

もっといえば、違和感だけならどうにかなる。袖の長さによって腕が引っかかるようになり、それが故障につながると考えたことはあるだろうか。実際に、それが原因で肩を痛めた選手も知っている。

プロがキャンプの時から公式戦のユニフォームで練習するのは、実戦的な感覚を養うためという理由もある。

それに加え、Tシャツや汗出しと呼ばれる練習着でノックを受け、肩や肘を痛めた選手がいることを監督やコーチが知っているからだ。ゆえに、成績を残している選手ほど、普段の練習から公式戦と同じユニフォームを着る。

アマチュア選手が本当にプロから学ぶべきなのは、裾が広いパンツをはくといった形だけでなく、ユニフォームという制服をどうとらえているかという部分だ。

予算があったり、保護者の理解を得られて何着も違うユニフォームを作ることができるのなら、公式戦用のユニフォームを複数作り、それで練習したほうがいい。

また、そういう面に精細な感覚を持つことを忘れないでほしい。

このユニフォーム関する話題を通して私が考えてもらいたいのは、その物事の本質はどこにあるのかということだ。

社会人野球のさらなる発展に、ユニフォームの形は重要か。チームを強くし、選手を育てるためには何種類ものユニフォームを着ることが必要か。もう一度、考えていただければ幸いだ。

指導者が批判される時代に、選手に求められる姿勢とは

「私の指導と選手の受け取り方に齟齬《そご》があった」

最近のスポーツ界では、流行語になるのではないかと感じるほど、こうした表現が頻繁に使われる。

「何を今さら」である。そもそも言葉というものは、発した側（指導者）と受け取る側（選手）では、記憶の残り方がまるで違う。そこに、自分の都合のいいように解釈するという脳の働きが加わるから、はじめから齟齬があるものだ。

だからこそ、技術指導をする際には、選手の理解度が浅いと感じれば、同じ内容を繰り返し伝えたり、異なる表現で伝わるように工夫したりすることが不可欠である。

拙著『落合博満 アドバイス』にも書いたように、言葉とは受け取る側が内容を理解し、納得し、実行し、さらに結果を残してはじめて「伝わった」と言える。冒頭の

言葉を発する指導者は、広く世間に向かって「私には指導力がありません」と言っているわけだ。

ただ、この問題は、指導者に「姿勢を変えよ」と言っているだけでは解決しない。

では、受け取る側になる選手が心がけなければいけないことは何か。

それは、聞き上手になれ、ということだ。

特に上司や先輩の話を聞く時は、まっさらな状態で、「何か吸収しよう」と心の準備をする。自分から質問した場合だけではなく、思わぬタイミングでアドバイスされた時でも、「今かよ。ほかにやることがあるのに」などと思わず、まず素直に耳を傾けてみようという気持ちになることだ。

次は、「アドバイスされたことを試してみよう」という姿勢を持つこと。

その昔、一流といわれる投手は切れ味のあるストレートのほかにカーブを投げていた。手首のひねり方やボールの抜き方が上達すれば、フワっとした感じで相手打者の視線を上げ、完全にタイミングを外すスローカーブになる。

プロかアマチュアかを問わず、ストレートとカーブの組み立てだけで生きていた投手がどれほどいたことか。

だが、小学生の頃からカーブを投げると肩や肘を壊すといわれるようになり、試合でカーブを投げることが禁じられると、指導者も教えなくなる。

次第に、高校の監督がカーブを教えようとしても、子供の頃からそうした感性を養っていない投手はなかなか覚えられず、仕方なく比較的早くマスターできる変化球に頼ることになる。

最近ではチェンジアップが全盛だが、カーブに比べてコントロールするのが難しく、勝敗を左右する局面になればなるほどリスクの高い勝負をしなければならない。

そうした理由から、投手コーチが「カーブを覚えてみないか」と持ちかける。

特に近年の野球では、プロでも質のいいスローカーブを投げられる投手は少なく、アマチュアならば大きな武器になるのと同時に、プロ入りの可能性を広げてくれるかもしれない。

そうした現状を考慮した上で「やってみよう」と思ってくれればいい。だが、気持ちが前を向いてくれないと、コーチが丁寧に指導しても、なかなかものにならない。

ましてや、技術事は一日や二日で身につくものではない。根気強く取り組むことが必要だが、若い投手は数日やってしっくりこないと、「自分にカーブは向いていない」と、あきらめてしまいがちだ。

若い人たちは、胸に手を当ててほしい。

自分が求める上司や先輩とは、自分の意思を尊重してくれたり、自分の肌に合うアドバイスをしてくれたりする人ではないか。マスターするのに時間を費やすかもしれないカーブを覚えろというコーチは、厄介な存在なのではないだろうか。

ならば、こう考えてみよう。

自分が所属するチームに、自分の成長を望んでいない指導者がいるのだろうか。自分の活躍に期待しないチームメイトがいるのだろうか。そうではないはずだ。自分にとっては耳の痛いことでも勇気を持って伝え、何とか結果を出してもらいたいと思っている人たちに囲まれているのではないか。

そう思えるなら、やってみてほしい。

この時に大切なのは、「その気になる」ことだ。


たとえば、中学校（最近では小学校でも教えているようだが）から英語を学習しても、外国人と商談できるほどの英語力を身につけられる人はそういない。何とか英会話に堪能になりたいと取り組む人は、英会話教室に通ったり、テレビやラジオの講座、あるいは洋楽を聴いたりして、耳をなじませるなど必死に努力する。

一方で、親の仕事によって海外で暮らしたり、アメリカ人の異性を好きになったり、国際結婚をしようと考える人は、流暢な英語をしゃべれたりする。学校の成績がそれほどよくなくても、ペラペラと英語を話せる人は少なくない。

要するに、学校の成績や仕事のために英語を覚えなければならない人より、自分が生きていくために英語が必要になった人はマスターするのが早い。

海外で暮らしていれば日常会話として必要だし、好きな人とは満足なコミュニケーションをとりたい。生きるために食事や睡眠をとるのと同じように、英語をマスターする。これこそが「その気になる」取り組みの成果だろう。

プロになりたいと子供の頃から野球を続け、スカウトに注目されるなど、ある程度のレベルまで上達したのに、最終的にはプロになれなかった選手は大勢いる。

その大きな理由のひとつは、プロになれる能力を備えていたのに、それを発揮する方法を身につけられなかったこと。自分の能力を発揮する方法を、「その気になって」身につけなかったことだ。

カーブを覚えればチャンスが広がると言われたのなら、だまされたと思って取り組んでみればいい。もちろん、取り組んだ全員が成功するはずはなく、必死に努力しても身につけられない投手もいる。

だが、その気になって取り組み、どうしても思い描いたようには成果を上げられず、また別の取り組み方を探すという過程は、絶対に無駄にはならない。

むしろ、自分にはどんな変化球が向いているのか、変化球をマスターするにはどう取り組めばいいのかなど、次のステップで役立つ知識や経験を手にすることができるのだ。はじめから「カーブは自分に向いていない」と行動を起こさなかった投手に比べれば、一段階も二段階も進歩していると言っていい。

厳しい言い方になるが、プロ野球界で生きてきた私の目で見て、あるレベルから伸び悩む選手の大半は、指導者や先輩のアドバイスを試そうとしない。自分の殻に閉じこもり、その気になっていないのだ。それで目立つ成績を上げられずにユニフォームを脱がされることになり、「コーチの指導が合わなかった」と嘆いても、誰も耳を貸さないだろう。

自分の周りには、生きた教材がたくさんいる。望めばアドバイスをしてくれる指導者も揃っている。だが、他人から学べることには限界があり、最終的には自分自身で考え抜くしかない。ユニフォームを脱ぎたくなかったら、自分の身は自分で守るという意識を強く持ち、監督やコーチを「先生」ではなく、「自分が活用するアドバイザー」と考えて自己成長を目指したい。

そして、聞き上手になり、アドバイスを試してみようという姿勢を持ち、その気になれたら、練習方法はこうしてほしい。

これまで取り組んできた練習に、「アドバイスを試す時間」をプラスするのだ。

簡単に説明しよう。

1日の練習時間を3時間とすれば、コーチのアドバイスでカーブを覚える練習時間はその3時間に含めず、3時間の練習にプラスするということだ。

新たな練習に取り組む際の落とし穴は、普段の練習の中で取り組む時間の割合を変えてしまうこと。そうすると、もともとあった技量が落ち、それが原因で新たな技術も身につかなくなる危険性が高い。カーブの練習に1時間取り組むなら、3時間の中の1時間を割り当てるのではなく、自分だけは1日の練習を4時間にするのがポイントになる。

高校の野球部を7回も退部し、大学では野球部だけでなく、大学そのものも中途退学した私がドラフト指名され、のちに3回も三冠王を手にしたのだ。

どんな生き方をしても、どんな仕事に就いても、その世界で大成できるきっかけは必ず何回か訪れる。

そのきっかけに気づかないこともある。きっかけは訪れていないのに、エンジンを全開にしてしまうこともある。だが、上司や先輩のアドバイスに素直に耳を傾け、常に試してみようという姿勢を持つ人は、そのきっかけに気づき、がむしゃらに努力して大成する可能性が高いと思う。

どんなに偉くなっても人生は一度きり。一夜明ければ、今日は過去になってしまう。ならば、後悔のないように生きていくのが幸せなのではないだろうか。

時代は変わり、スポーツの現場でも大きな変化が起きている。昔気質《かたぎ》の指導者の言動が批判されることが多いが、若い人たちには、これだけは理解しておいてほしい。

自分が生きていく道で、少し先を歩いてきた人たちの経験談やアドバイスは、そんなに捨てたものではない、ということを。

おわりに

もう何年も前のことだが、ある旅番組に出演した。それが放送されてしばらくすると、ファンのひとりからこう言われた。

「あの旅を、放送した通りのスケジュールでこなすのは無理ですよね」

鉄道など交通機関に詳しい人は、よく見ているな、と思った。実は、その番組のロケは、豪勢な料理をひと口味わったら次のロケ、露天風呂に浸かれば5分もしないうちに次のロケと、慌ただしく移動したものだった。

料理を最後まで味わい、満足するほど風呂に入っていたら、1泊2日では回り切れないスケジュールが詰め込まれていたのだ。ただ、それが旅番組なのだと言われれば、それに従って動くしかない。

私に仕事を依頼してくれた人の要望に全力で応える――それが、仕事に関する私の姿勢である。中日で監督を務めた時は、白井文吾オーナーの「常勝チームを作ってほしい」という希望を何とか叶えようとした。

だから、ペナントレースを戦っていく上でチームが不利になると思えば、あらゆる情報を管理した。メディアから「記事になる情報が少ない」と言われても、自分が為すべき仕事は何なのかという原点に返り、出せない情報は絶対に出さないという姿勢に徹した。

ファンは選手たちとの触れ合いをもっと求めていると言われても、最終的にファンを満足させられるのは勝つこと、優勝することなのだと自分に言い聞かせ、最後まで諦めない戦いを繰り広げることで応援してもらおうと考えた。

そうしたやり方が、あらゆる立場の人たちから批判されていたのも承知している。だが、私たちの仕事は真剣勝負を見ていただくことなのだ。テレビ中継を面白くするためでも、サインを書いたり、握手をして喜んでもらうためでもない。

「ブルペンにカメラを入れたり、ファンサービスに力を入れたからといって、チームが弱くなるわけではないでしょう」

そんな言葉も耳にした。しかし、それは常勝チームを作ろうと必死になった経験のない人の見方だ。監督という仕事について、8年間経験した私の感想は、「決してそつなくこなせる仕事ではない」ということだ。私が少しでも気を緩めたら、常勝チームを作ることはできないと、ひたすら全力で仕事に取り組んだ。

そうした仕事との向き合い方は、監督やゼネラル・マネージャーという立場から離れ、落合博満という個人になってからも変わらない。

先に書いた旅番組もそうだが、ありがたいことに野球に関するものを中心として、テレビや出版、講演などさまざまな媒体からいくつもの仕事の依頼が舞い込む。その中から、私が引き受けるかどうかを決める基準はただひとつ、自分にその仕事ができるかどうかだ。

なぜ、私に声がかかるのかと言えば、現役時代に3度の三冠王を獲得し、監督としても8年間に4回のリーグ優勝という実績を残した人間だからだろう。そういう意味では、現在でも私は広い意味で野球と関わり、野球によって生活していると言ってもいい。

ならば、野球に関することはもちろんだが、それ以外の分野でも私の考え方や経験談が何らかの参考になるのが望ましい。そういう思いで、自分にできる仕事なのかを考えている。

ただ、私自身は、仕事を依頼してくれた人の要望に全力で応える姿勢だけが正解だとは思っていない。何事も全力ではなく、そつなくこなすことが長続きさせる秘訣だという人がいれば、そういう考え方もあるのかと否定はしない。いい大学を卒業し、大企業に入ったものの出世争いに疲れ、あと10年は窓際でのんびりやっていこうという生き方を間違っているとは思わない。

私が一番大切にしているのは、自分の人生をいかに自分の思うがままに生きていくか、ということだ。そのために不可欠なのが、決断、実行だと考えている。

社会生活を送る上で、収入にこだわる人もいる。立場や地位を築こうとする人もいる。多くの人に影響を与えたいという人もいる。何に注力して生きるかは人それぞれだが、誰でも避けて通れないのが決断、実行だろう。

振り返れば、親に手を引かれて通っていた幼稚園児の頃から、今日は何をして遊ぼうか、この子と友達になろうか、無意識のものも含めて決断、実行を繰り返しながら私たちは生きている。

そうやっていろいろな経験をしながら成長しているのだが、多くの環境に身を置き、そこで人間関係が築かれていくうちに、決断、実行を迷ったり、逃げたり、できなくなったりしていくものだろう。それは、結果、それに伴う周囲の目、責任を考え過ぎてしまうことも一因だ。

けれど、最善を尽くしても期待した結果を得られないことはある。やってみて初めて、自分の力では及ばないと知ることもある。世の中は、自分にだけ都合よく回っているわけではないのだから。

それでも、決断、実行した上での失敗は、反省材料や教訓となって次につながる。しかし、決断、実行しなかった後悔は何も生み出してくれない。

本書の執筆を依頼された時、何か大きなテーマについてではなく、決断、実行について私なりの考えを書こうと思った。そうして執筆を終え、本書のタイトルを決める段階になった時、決断、実行というありふれた2つの言葉に対する私の思いを、どう表現すればいいのか考え込んだ。

読者の方はすでに理解していると思うが、私は自分の経験に基づいた考え方を教え、こう決断し、こう実行しなさいと導きたいのではない。私の経験を明かしながら、自分なりに決断し、実行できる人間になることが、思うがままに生きていくことになるはずだと伝えたいのだ。

それを伝えられるタイトルは『決断と実行』か『決断から実行』か。あるいは2つを組み合わせて『決行』か。担当編集者とあれこれ考えていく中で、ふと頭に浮かんだのが『=』だった。

私の考えを押し付けるのではなく、各々《おのおの》で考えてもらいたいという余白を決断、実行の間に入れ、そこに2つの言葉を結びつけるための道具を置こうとした。『=』は単純に2本の直線であり、イコールと読むわけではない。タイトルを音読する場合は『決断（0・5秒あき）実行』とし、書く場合は『=』（半角イコール）とした。

そして、『=』をどう使い、決断と実行をどんな関係にするかは皆さんの自由だ。そのままイコールと読んでもいい。『決断＋実行』と考えても、1本足して『決断≠実行』でも、『決断→実行』でもいいだろう。

決断、実行をどう受け止めたとしても、日常生活から、仕事、学業の大切な場面に至るまで、人生に付いて回る決断、実行を、上司や先輩など周囲の人たちの知恵も借りながら行ない、どんな結果になっても責任は自分にあるのだと覚悟することだ。

尊敬する先輩に声をかけられ、転職した会社では自分の思い描いた仕事をすることはできなかった。

「やりがいのある仕事なんて、なかったじゃないか」

そんな泣き言を口にして、先輩のせいにしても人生は前には進まない。誰のアドバイスだったにしろ、転職するという自分の決断を省み、その会社に留まるのか、また違う会社を探すのか――。

行動を起こさないのも実行のひとつであるという考えで、次の決断、実行を前向きに考える。他人にどう思われようと関係ない。そうした決断、実行を繰り返しながら、自分の思うがままに生きていくのが、特に情報過多でスピード感のある現代を生きていくには大切なのではないだろうか。

落合博満

2018年11月

［著者］
落合博満（おちあい・ひろみつ）
1953年生まれ。秋田県南秋田郡若美町（現：男鹿市）出身の元プロ野球選手（内野手）、中日ドラゴンズ元監督、中日ドラゴンズ元GM。1979年ドラフト3位でロッテ入団。81年打率.326で首位打者になり、以後83年まで3年連続首位打者。82年史上最年少28歳で三冠王を獲得、85年には打率.367、52本塁打、146打点という驚異的な成績で2度目の三冠王とパ・リーグの最優秀選手（MVP）に輝いた。86年には史上初の3度目、2年連続の三冠王を獲得。通算成績は2236試合、7627打数2371安打、510本塁打、1564打点、65盗塁、打率.311。
1998年現役を引退。その後、野球解説者、指導者として活動し、2004年より中日ドラゴンズ監督に就任。就任1年目から1年間の解雇・トレード凍結、一、二軍を振り分けない春季キャンプなどを行ない、チームはいきなりリーグ優勝。2007年にはチームを53年ぶりの日本一に導く。就任から8年間、2年に1回以上はリーグ優勝ないしは日本一、Aクラス入りを逃したこともない。2011年は球団史上初の2年連続リーグ優勝を果たし、「常勝チーム」を作り上げた。2013年には同球団にGM職として就任し、2017年1月退任。
2007年には、プロ野球の発展に大きく貢献した人物に贈られる正力松太郎賞を受賞。
2011年には競技者として、日本の野球の発展に大きく貢献した功績を永久に讃え、顕彰する「野球殿堂」入りを果たす。
著書は『采配』『落合博満 アドバイス』『落合博満 バッティングの理屈』『コーチング』（以上、ダイヤモンド社）、『戦士の休息』（岩波書店）など多数ある。

決断=実行

2018年11月7日　第1刷発行
2018年11月21日　第2刷発行

著　者——落合博満
発行所——ダイヤモンド社
〒150-8409　東京都渋谷区神宮前6-12-17
http://www.diamond.co.jp/
電話／03·5778·7236（編集）　03·5778·7240（販売）
編集協力——横尾弘一
装丁·本文デザイン—トサカデザイン（戸倉 巌、小酒保子）
カバー写真—佐久間ナオヒト
ヘアメイク—須賀元子（星野事務所）
本文DTP——桜井 淳
校正————三森由紀子
製作進行——ダイヤモンド・グラフィック社
印刷————勇進印刷（本文）・加藤文明社（カバー）
製本————ブックアート
編集担当——和田史子

ISBN 978-4-478-10615-0